Bernd Siggelkow und Wolfgang Büscher

Hilf mir – jetzt!

Unsere Kinder sind es wert

Topicus

Das Buch

Ein einfühlsames Buch über ein Thema, dem wir alle unser Herz öffnen sollten.

Nach der Schule wird der siebenjährige Marvin vom Arche-Bus abgeholt. Er wirkt müde und erschöpft. Er freut sich auf seine erste Mahlzeit am Tag. Weder für Frühstück noch für Essen in der Schule können seine Eltern sorgen. Das ist trauriger Alltag in Deutschland.

Die Autoren möchten mit diesem Buch wachrütteln. Es soll eine Inspiration für diejenigen sein, die etwas in unserer Gesellschaft ändern und jedem Kind eine Chance auf ein selbstbestimmtes Leben geben wollen. Sie möchten das Bewusstsein für eine Bevölkerungsschicht in unserem Land schärfen, die immer größer wird, aber nicht das nötige Gehör in der Politik findet.

Es geht in diesem Buch um Kinder und ihre Familien, die von staatlicher Unterstützung leben müssen und aus diesem Kreislauf nicht wieder herauskommen. Warum nicht? Weil sich nichts verändert. Im deutschen Bildungssystem nicht, in der Politik nicht und auch nicht in unseren Köpfen. Es gibt dennoch Hoffnung – Kinder, die sich dank dem Engagement der Arche entwickeln und die Chance auf ein selbstbestimmtes Leben ergreifen. Veränderungen sind nötig.

Die Arche ist eine offene Kinder- und Jugendeinrichtung, gegründet von Bernd Siggelkow und unterstützt unter anderem von Pressesprecher Wolfgang Büscher.

Die Autoren

Bernd Siggelkow ist gelernter Kaufmann. Nachdem er einige Zeit als Vertriebsbeauftragter im Außendienst tätig war, hat er eine theologische Ausbildung bei der Heilsarmee absolviert und einige Jahre als Jugendpastor gearbeitet. Im Jahre 1995 gründete er in Berlin-Hellersdorf das christliche Kinder- und Jugendwerk »Die Arche«. Seitdem entstanden noch weitere Einrichtungen in Deutschland. Bernd Siggelkow ist Vater von sechs Kindern. Er erhielt für seine Arbeit das Bundesverdienstkreuz und den Verdienstorden des Landes Berlin. Die Arche selbst wurde mit der Carl-von-Ossietzky-Medaille durch die Internationale Liga für Menschenrechte gewürdigt.

Wolfgang Büscher ist Autor, Journalist und seit vielen Jahren Pressesprecher der Arche. Zusammen mit Bernd Siggelkow hat er unter anderem die Spiegel-Bestseller »Deutschlands vergessene Kinder« und »Deutschlands sexuelle Tragödie« geschrieben. Büscher war Mitglied der Bundespressekonferenz und berichtet nach wie vor für zahlreiche Medien.

BERND SIGGELKOW
WOLFGANG BÜSCHER

HILF MIR – JETZT!

UNSERE **KINDER** SIND ES **WERT**

Topicus

Deutsche Erstveröffentlichung bei
Topicus, Amazon Media EU S.à r.l.
38, avenue John F. Kennedy, L-1855 Luxembourg
März 2019

Umschlaggestaltung: bürosüd° München, www.buerosued.de
Umschlagmotiv: © natrot / Shutterstock;
© I love photo / Shutterstock
1. Lektorat: Kanut Kirches
2. Lektorat und Korrektorat: Verlag Lutz Garnies, Haar bei München, www.vlg.de
Gedruckt durch:
Amazon Distribution GmbH, Amazonstraße 1, 04347 Leipzig /
Canon Deutschland Business Services GmbH, Ferdinand-Jühlke-Straße 7, 99095 Erfurt /
CPI books GmbH, Birkstraße 10, 25917 Leck

ISBN 978-2-91980-457-3

www.topicus-verlag.de

»Im Leben lernt der Mensch zuerst zu gehen und zu sprechen. Später lernt er dann, still zu sitzen und den Mund zu halten.«

Marcel Pagnol,
französischer Schriftsteller

Unter Mitarbeit des Arche-Teams, insbesondere Daniela Krämer, Laura Neumann, Tobias Lucht, Tim Rauchhaus und Daniel Schröder

Vorwort

Meine Oma ist uns spielenden Kindern früher auf der Straße immer mit Pfannkuchen hinterhergerannt, damit wir nicht hungrig spielen mussten. Von ihr habe ich gelernt zu teilen. Mit meinem Opa verbrachte ich viel Zeit im Garten, und das stundenlang. Wir haben dort Obst und Gemüse selbst angebaut. Von ihm habe ich gelernt, die Natur zu respektieren und zu schätzen. Meine Mama ist für mich emotional und moralisch bis heute Tag und Nacht da. Von ihr habe ich gelernt, was bedingungslose Liebe heißt. Mein biologischer Vater war nie da. Mein Papa, der Mann, den meine Mama später heiratete, hat sich trotz Nachtschichten und Verpflichtungen immer Zeit genommen für meine kindlichen Fragen und meine Hausaufgaben. Von ihm habe ich gelernt, wie wichtig Bildung ist.

Ich bin dankbar für das Leben, in das ich hineingeboren wurde. Für meine liebevolle Familie, die mir wichtige Werte vermittelt hat, in unseren guten, aber auch sehr schweren Zeiten, denn niemand aus meiner Familie wurde mit einem goldenen Löffel im Mund geboren. Und genau all diese Attribute, die eine Familie ausmachen, finde ich bei der Arbeit der Arche-Familie wieder. Füreinander da zu sein, einander zu unterstützen. Von dieser Arbeit überzeugt, bin ich vor einigen Jahren Arche-Botschafterin geworden, um meine Möglichkeiten und Fähigkeiten, da, wo es passt, mit einzubringen.

Man wird im Leben doch einfach irgendwo hineingeboren. In ein bestimmtes Land, eine bestimmte Kultur, Familie, soziale Schicht, ausgestattet mit bestimmten Genen und einem gewissen Charakter. Diese Umstände formen uns von Geburt an. Die einen von uns erfahren dabei mehr Glück, die anderen kämpfen ums Überleben. Mut, Respekt oder Liebe sind als Gesamtheit ein wichtiger gemeinsamer Nenner aller Menschen, ungeachtet ihrer Herkunft, der ihnen dabei hilft, ein würdevolles Leben zu führen. Und diese Werte, um nur einige zu nennen, lebt die Arche-Familie. Es ist schön, wenn es jemanden gibt, der einem zu mehr Selbstvertrauen verhilft, einem das Gefühl von Stärke und Zusammengehörigkeit gibt oder einem die Angst nimmt, nicht dazuzugehören.

Ich möchte diese Geschichten mit anderen teilen, um sie bestenfalls zu mobilisieren, anderen unter die Arme zu greifen. Gemeinsam sieht man eben doch ein Licht am Horizont, obwohl man vielleicht schon jegliche Hoffnung verloren glaubte.

NATALIA AVELON

Schauspielerin und Sängerin,

Botschafterin der Arche

Einleitung

»Kinder sind unsere Zukunft, wir müssen in sie investieren.« Wie oft hören wir diesen Satz. Das Problem der Kinderarmut wird zwar wahrgenommen, aber die Lösung des Problems vertagt, in die Zukunft. Nein, Kinder sind unsere Gegenwart und somit auch die Probleme, die sie betreffen.

Die Zukunft findet nur in unserem Kopf statt und besteht nur aus Gedanken. Wir, die Gesellschaft, beschäftigen uns mit etwas in weiter Ferne, bauen Gedankenmodelle, von denen wir nur hoffen, dass sie unseren Kindern mal etwas bringen. Aber was ist jetzt? Was tun wir heute für unsere Kinder, die in Armut und Bildungsferne leben? Es ist uns doch klar, dass wir das Leben der Kinder nur ändern können, wenn wir ihnen ermöglichen, aus dem »Hartz-IV-Armutskreislauf« auszubrechen. Und das kann ein Kind nur in der

Gegenwart schaffen, jetzt und heute. Es muss stark sein, um diesen Schritt zu gehen. Wir, die wir diesen Kreislauf nur von außen betrachten, stellen es uns so einfach vor: »Die müssen ja nur wollen«, und haben da besonders die Eltern im Visier.

Was ist das für ein Leben, das von Armut geprägt ist? Was macht es mit einem Kind? Kurz gefasst: Der junge Mensch hat eine Rolle übernommen, mit der er sich das ganze weitere Leben identifiziert. Es ist seine Welt.

Schon seit vielen Jahren beschäftigt sich unsere Gesellschaft mit dem Thema Kinderarmut. Es ist mittlerweile ein fester Bestandteil der Gesellschaft, hat sich eingenistet und Form angenommen. Als beliebtes Thema in Talkshows und im Wahlkampf wird es von den Parteien in den Fokus gerückt. Wir, die wir fern dieser Bevölkerungsschicht leben, schauen gern hinab auf »Hartz-IV-Familien«, unsere Meinung über diese Menschen haben wir uns längst gebildet. Hat in unseren Köpfen nicht schon eine Ausgrenzung stattgefunden? Etwa nach der Devise: Es gibt immer Verlierer! Haben wir unsere Kinder aufgegeben?

Kinder sind unsere Gegenwart! Kinder in der Vorstellung leben zu lassen, Hartz IV zu sein, ist verantwortungslos. Warum lassen wir es so leichtfertig zu? Warum wird Kindern diese Vorstellung nicht in den Kindertagesstätten, den Kindergärten und Schulen genommen, wenn es die Eltern schon nicht tun? Wir schauen zu, wie Kinder in eine Rolle gedrängt werden ohne eine Chance, sich ihrer selbst bewusst zu sein. Wahrlich keine leichte Aufgabe, dies zu ändern.

Die Arche, das christliche Kinder- und Jugendwerk e. V., wurde 1995 von mir, Pastor Bernd Siggelkow, in Berlin gegründet. Ursprünglich wollten wir, die damaligen Vereinsmitglieder, die ehrenamtlich tätig waren, Kinder von der Straße holen und mit einer warmen Mahlzeit versorgen. Kinder, die morgens, ohne ein Frühstück zu sich genommen zu haben, die Schule besuchten und nach Schulschluss ohne Mittagessen wieder auf der Straße oder dem Spielplatz herumlungerten. Niemand sonst schien ein Auge auf sie zu haben. Zur Mittagsversorgung kamen bald die Hausaufgabenbetreuung und zahlreiche Freizeitangebote für die Kinder hinzu. Im Jahr 2018 ist die Arche bereits an 25 Standorten in Deutschland vertreten. Auch in jeweils einer Einrichtung in der Schweiz und Polen betreuen wir Kinder und Jugendliche aus sozial schwachen Familien.

In diesem Buch lernen wir einzelne Standorte kennen, indem die Autoren beispielhafte Erlebnisse der Kinder und von deren Familien von dort erzählen. Weiteren Einblick in die Arbeit der Arche erhalten die Leser von Mitarbeiterinnen und Mitarbeitern, die mit dem Alltag der Kinder vertraut sind.

Die Arche kümmert sich um Kinder, die täglich zu ihr kommen, oder geht dorthin, wo die Kinder sind. Wir erleben sie im Jetzt und geben ihnen jeden Tag das Gefühl, etwas Besonderes zu sein. Die Zukunft der Kinder ist erst mal nicht wichtig, denn es zählt der Augenblick. Das Kind in der Arche ist *jetzt* glücklich. Es fühlt sich wertgeschätzt und somit stark. Es traut sich, zu träumen von einer anderen Welt, und wenn man »dranbleibt« am Kind, weiß es auch, dass es nicht selbst Hartz IV ist, sondern nur darin gefangen ist.

Warum stärken wir nicht auch in den Schulen dieses Bewusstsein im Kind? In der Schule wird der heranwachsende Mensch auf die Zukunft vorbereitet, die es aber für dieses Kind nicht geben wird, zumindest nicht die, die in den Vorstellungen unserer Politiker und im Bildungssystem existiert. Alles nur eine Gedankenblase. Die Schule muss das Kind aus bildungsfernen Schichten da abholen, wo es gerade ist, im Hier und Jetzt. Nur mit viel Hingabe an das Kind mit all seinen Problemen, mit viel Engagement und Liebe zu ihrem Beruf können Lehrer und Lehrerinnen das Kind dabei unterstützen, einen Schritt aus dem »Hartz-IV-Kreislauf« zu wagen.

Jennifer kann sich behaupten

Seit es die Arche in München gibt, kommen Jennifer und ihre beiden jüngeren Geschwister regelmäßig dorthin. Als Jennifer das erste Mal in die Arche kam, war sie sieben Jahre alt. Ein kleines, aufgewecktes und sehr sportliches Mädchen. Jeden Tag spielte sie Fußball und war immer die Schnellste. Selbst die größeren Jungs hängte sie problemlos ab. Nach mehrmaligem Fragen der Arche-Mitarbeiter, warum sie nicht in einem Verein spielte, antwortete sie nach längerem Zögern: »Weil wir kein Geld haben und meine Mama es nicht bezahlen kann.«

Daraufhin machten wir einen Verein ausfindig, bei dem sie mittels eines Sozialhilfebescheids kostenfrei spielen konnte. Die Mutter freute sich sehr über diese Möglichkeit und die Unterstützung der Arche, doch bis sie diesen Bescheid organisiert hatte, zogen vier Monate ins Land. Als es dann endlich so weit war und Jennifers erstes Training bevorstand, strahlten ihre Augen vor Freude. Sie ging regelmäßig zum Training. Schon kurze Zeit später offenbarte sich die erste Auswirkung der sportlichen Aktivität. Sie wurde von Tag zu Tag entspannter und vor allem ausgeglichener. Nach und nach wuchs die Beziehung zu ihr sowie zu ihrer Mutter, und Jennifer erzählte uns immer mehr von den Zuständen zu Hause.

Ihre Mutter konsumierte während der Schwangerschaft Drogen und Alkohol. Aus diesem Grund war Jennifer ein Frühchen, ein Baby, das zu früh geboren wurde, viel kleiner als Gleichaltrige und mit einem geringeren Kopfumfang. Dies macht ihr immer wieder schwer zu schaffen, da sie häufig aufgrund dieser körperlichen Defizite gemobbt wurde. Seit ein paar Jahren ist ihre Mutter in einem Methadonprogramm. Sie ist aber zeitweise sehr lethargisch, kümmert sich nicht richtig um ihre Kinder und bekommt ihren Alltag nicht geregelt. Sie bezieht seit über zwanzig Jahren Sozialhilfe und hat in dieser Zeit nach Vorgabe der Behörden immer wieder Umschulungen gemacht.

Eine Zeit lang hatten wir das Gefühl, dass die Mutter es packen könnte. Doch sie bekam nur Ein-Euro-Jobs angeboten und so folgte wieder ein tiefer Einbruch. Es ging auf und ab, wie auf einer Achterbahn. Manchmal besorgte sie sich erneut Drogen, und sie brauchte immer eine Weile, bis sie wieder stabil war. In ihren Hochphasen kam sie ab und zu in der Arche vorbei und erzählte von immer neuen Schulungen, die die Arbeitsagentur veranlasst hatte. Doch letztendlich brachte das wenig. Am Ende schaute sich jeder Arbeitgeber doch wieder ihre Vorgeschichte an und das war es dann.

»Eine zweite Chance im Leben gibt es nicht« – davon war sie überzeugt und das erzählte sie uns wohl zu ihrer eigenen Beruhigung. Sie war mittlerweile müde von den vielen Behördengängen, Umschulungen und den oftmals diskriminierenden Aussagen der Sachbearbeiter. Viele Enttäuschungen im Leben hatten der Mutter schwer zugesetzt. So waren Jennifer und ihre Geschwister für sie fast immer eine zu große Belastung.

Dann, plötzlich, für uns in der Arche aber nicht ganz überraschend, wurden ihre beiden jüngsten Kinder vom Jugendamt aus der Familie genommen. Seitdem hat sich das Verhältnis zwischen Jennifer und ihrer Mutter gebessert, wurde intensiver. Anfangs fiel es Jennifer sehr schwer, zu akzeptieren, dass ihre Geschwister nicht mehr da waren. Sie lebte in dem Glauben, dass sie etwas falsch gemacht hatte. Aufgrund mehrerer Gespräche mit uns in der Arche wurde ihr aber bewusst, dass nicht sie die Verantwortung für die Entscheidung des Jugendamtes trug, sondern die Mutter und natürlich der Vater. Nach wie vor hat sie ein gutes Verhältnis zu ihren Geschwistern, die sie regelmäßig besucht.

Von ihrem Vater erzählt Jennifer nie etwas. Außer ihrer Mutter hat sie keine weiteren erwachsenen Verwandten. Ihre größte Angst ist, dass ihre Mutter irgendwann aufgrund ihres Alkohol- und Drogenkonsums stirbt und sie dann nur noch ihre jüngeren Geschwister hat. Die Arche betitelt sie als ihre Familie, denn die hat das junge Mädchen noch nie im Stich gelassen. Jennifer wörtlich: »Die Arche ist immer da, wenn man sie braucht, immer hat jemand ein offenes Ohr und vor allem Zeit.«

Jennifer und ihre Mutter wohnen ganz in der Nähe der Arche. Es ist ein viereckiger Häuserkomplex mit mehreren Parteien. In jeder Wohneinheit leben acht Familien. An der

Vorderseite des Hauses zeichnen sich schlecht gemachte Graffiti und andere Schmierereien ab. Die meisten Familien, die in diesem Häuserkomplex wohnen, beziehen Sozialhilfe. Im Treppenhaus riecht es unangenehm nach Urin und allerlei Ausdünstungen. Vor den Briefkästen türmen sich Müllsäcke, sodass der Postbote sie kaum noch erreichen kann. Jennifer wohnt mit ihrer Mutter im obersten Stockwerk. In jeder Etage des Hauses hört man aus den Wohnungen den Fernsehlärm, laute Musik, Kinder, die schreien, und Eltern, die zurückschreien. Beim Betrachten der einzelnen Klingelschilder stoßen wir auf die Namen einiger Familien, die wir aus der Arche kennen. Im Treppenaufgang wird einem jedes Mal bewusst, warum manche Familien über das Familienleben anderer Familien so gut Bescheid wissen. Jedes Wort, das in einer Wohnung gesprochen wird, ist im Treppenhaus klar und deutlich zu verstehen.

Bei unseren ersten Besuchen war die Wohnung nur dürftig eingerichtet. Im Bad gab es keinen Duschvorhang, nur ein kleiner Spiegel hing schief über dem Waschbecken. Die nackten Lampen hingen von den Decken und an manchen Türen war die Türklinke herausgebrochen. Aber die Wohnung war sauber, sehr ordentlich und aufgeräumt, und an den Wänden hingen von den Kindern selbst gemalte Bilder. Nach und nach besorgte die Arche Schränke, Möbel und neue Betten, sodass Jennifer nicht mehr auf einer Matratze auf dem Boden schlafen muss. Wir unterstützen Jennifer und ihre Mutter bei Behördengängen und stehen ihnen mit Rat und Tat zur Seite.

In der Schule fällt Jennifer immer wieder negativ auf, sei es durch Schlägereien, Diebstahl, Fernbleiben vom Unterricht oder respektlose Kommentare ihren Lehrern gegenüber. Dreimal ist sie schon von der Schule geflogen und immer wieder macht sie die gleichen Fehler. Auf unsere Fragen hin, warum sie jedes Mal mitmacht und neuen Mist baut, obwohl sie doch so ein tolles, intelligentes, sportliches und empathisches Mädchen sei, wurde sie rot, bedankte sich und sagte: »Hm … entweder machst du mit oder DU bist das Opfer. So läuft das hier!«

Da Jennifer einen beeindruckenden Wortschatz besitzt und auch sonst sehr viel Potenzial in ihr steckt, motivierten wir als Arche sie immer wieder, in einer Klinik einen Intelligenztest machen zu lassen. Vor zwei Jahren rang sie sich durch und erzielte einen Intelligenzquotienten von 135. Sie ist hochbegabt und könnte laut der Psychologin auf eine Schule für Hochbegabte nach Hamburg gehen. Doch das ist Jennifer zu weit weg. Sie könnte ihrer Mutter dann nicht mehr helfen. Allerdings versteht Jennifer seit dem Intelligenztest besser, warum sie so ist, wie sie ist.

Mit Unterstützung der Arche bekam Jennifer einen Ausbildungsplatz und mittlerweile absolviert sie eine Lehre als Zahnarzthelferin. Sie schreibt enorm gute Noten, besucht regelmäßig die Schule, ist pünktlich bei ihrem Arbeitgeber und geht in ihrem Beruf richtig auf. In einem Jahr wird sie fertig sein. Ihr Plan ist es, ein wenig zu arbeiten und dann vielleicht das Abitur zu machen. Noch immer kommt Jennifer nach ihrer Arbeit in die Arche. Dann erzählt sie von ihren Erlebnissen, ihren aktuellen Herausforderungen, lernt oder unterhält sich mit ihren Freundinnen. Immer wieder kommt ihre Mutter bei uns vorbei und bedankt sich, dass wir ihre Tochter immer unterstützen und für sie da sind.

Im Laufe der Jahre entwickelte sich Jennifer zu einer selbstbewussten, zielstrebigen jungen Frau. Ohne Beziehungen zu anderen Menschen hätte sie diesen Weg nie gehen können.

Geschichten zwischen Erfolgen und Enttäuschungen wie die von Jennifer erleben wir häufig in unserer täglichen Arbeit. Sie zeigen uns, wie wichtig es ist, die Stärken der Kinder und Jugendlichen zu erkennen und individuell zu fördern. Ihnen einen strukturierten Alltag zu geben, ihnen Aufmerksamkeit und Zuwendung zu schenken. Jeden Tag Zeit für die Kinder und Jugendlichen zu haben und neu in die Beziehungsarbeit zu gehen, um dadurch Vertrauen zu schaffen. Ihnen jeden Tag aufzuzeigen, dass sie uns wichtig sind und etwas erreichen können, wenn sie denn nur wollen.

Immer wieder dranzubleiben und einen langen Atem zu haben, ist von großer Bedeutung. Häufig stoßen Kinder und Jugendliche an Grenzen und im Alltag zeigen sich nur kleinere Erfolge. Doch über die Jahre hinweg lassen sich solche Erfolge – wie bei Jennifer – zu etwas Großem zusammenfügen.

Hartz IV – der Tod jeglicher Kreativität

Der 1. Januar 2005 war ein trauriger Tag für zahlreiche Menschen in Deutschland. Damals war es noch nicht abzusehen, doch im Nachhinein betrachtet blieb der Tag für sie nicht ohne Folgen. Ausgerechnet ein sozialdemokratischer Kanzler namens Gerhard Schröder erarbeitete gemeinsam mit den Grünen ein Konzept zur »Reformierung des deutschen Sozialsystems«, so nannte es die rot-grüne Bundesregierung damals. Das Ganze, so zeigt sich heute, war der Tod jeglicher Kreativität. Ein selbstbestimmtes Leben war nun nicht mehr oder nur erschwert möglich.

14,5 Millionen Menschen haben seitdem die damals ins Leben gerufenen Transferleistungen – »Hartz IV« wurden sie getauft – bezogen. Für viele dieser Menschen war es das Ende ihrer beruflichen Aktivität. Rund sechs Millionen Bürger in Deutschland beziehen momentan Hartz IV. Davon sind, und das ist sehr traurig, 1,6 Millionen Kinder. Unter den Empfängern der Leistungen sind viele alleinerziehende Mütter mit ihren Kindern, die es in unserer Gesellschaft besonders schwer haben. Sie leben ohne Partner und werden mit ihren Problemen oftmals allein gelassen. Für sie ist es fast unmöglich, einen Job zu finden. Bewerbungen werden schon im Vorfeld aussortiert, denn Alleinerziehende sind in den Augen vieler Arbeitgeber eine Belastung. Schnell findet man sich da in einem Leben am Rande der Gesellschaft wieder.

416 € beziehen zurzeit alleinstehende oder alleinerziehende Männer oder Frauen. 374 € zahlt der Staat an volljährige Partner in einer sogenannten Bedarfsgemeinschaft. Für die Kinder dieser Familien werden zwischen 240 und 316 € monatlich gezahlt, je nach Alter. Das sind die Zahlen und Fakten, das ist der »Hartz-IV-Rahmen«, dem sich der in Not geratene Mensch anpassen muss. Doch wie sieht das alltägliche Leben einer Hartz-IV-Familie aus? Wie lässt sich das Leben in diesem starren Hartz-IV-Rahmen gestalten?

Vor einer Weile waren wir bei einer alleinerziehenden Mutter von drei Kindern zu Gast. Sie lebt in einer kleinen Wohnung am Rande von Berlin. Ihre Arbeitssuche erwies sich bisher als erfolglos. Wer will schon eine Mutter von drei Kindern einstellen? »Was machen Sie, wenn Ihre Kinder krank werden, wer passt auf sie auf?« ist die Standardfrage eines jeden Arbeitgebers. Das kann man aus Arbeitgebersicht sogar nachvollziehen. So haben die Kinder, bedingt durch die permanente Stresssituation der Mutter, einen denkbar schlechten Start ins Leben. Der finanzielle Druck zehrt an den Kräften und beschädigt die Würde. Gewiss kein Einzelfall in unserer Gesellschaft. Für die Kinder zwischen null und fünf Jahren erhält die Mutter, nennen wir sie Anna, jeweils nur 240 € monatlich. Anna hat zwei Kinder in dieser Altersgruppe. Der 13-jährige Julian macht die Familie komplett, für ihn werden monatlich 296 € gezahlt.

Anna hatte uns zum Mittagessen eingeladen. Es gab Huhn und wahlweise Kartoffeln und Nudeln dazu. Augenscheinlich servierte sie kein Gemüse. Der gedeckte Tisch wirkte direkt etwas farblos ohne Grünzeug. Natürlich wollten wir wissen, warum sie auf diese Beilage verzichtet.

Ihre Antwort brachte uns ins Grübeln: »Gemüse und Obst gibt es bei uns sehr selten, nur dann, wenn ich es zur Tafel schaffe, die aber acht Kilometer von meiner Wohnung entfernt liegt.« Anna meinte die Lebensmittel-Ausgabestelle für Bedürftige. »Ich habe kein Nahverkehrsticket«, erzählte die peinlich berührte Mutter weiter. »Obst und Gemüse sind viel zu teuer. Ich kaufe daher überwiegend Konserven und vor allem Fleisch, das ist am billigsten, dazu Nudeln oder Kartoffeln. Oder wir essen in der Arche, bei euch kostet es halt nichts.« Auf die Frage, wann denn zu Hause das letzte Mal Obst gegessen wurde, eine schnelle Antwort: »Das ist schon viele Wochen her, das Geld dafür habe ich nicht. Ich brauche vor allem viel Geld für Kleidung, Schule, Bücher und so und dann spare ich halt beim Essen. Außerdem benötigt Julian jetzt einen Computer, und ich weiß nicht, wie ich das alles packen soll.« Tränen standen Anna in den Augen, als sie uns ihre missliche Lage schilderte.

Wir kennen aus der Arche viele Familien, denen es so ergeht und die ähnlich handeln. Sie versuchen, ihre Ausgaben bei den Lebensmitteln zu reduzieren, hier können sie vermeintlich am meisten Geld sparen. Das Fleisch in den Supermärkten wird zu niedrigen Preisen angeboten, Obst und Gemüse sind im Vergleich dazu verhältnismäßig teuer.

Es muss uns nicht wundern, wenn in finanzielle Nöte geratene Menschen häufig zu günstigem Fleisch, in zumeist schlechter Qualität, greifen. Die Folge: Kinder essen verhältnismäßig viel Fleisch und verzichten auf wertvolle Nährstoffe, die nur in Obst und Gemüse zu finden sind. Durch den Verzehr von Süßigkeiten und zuckerhaltigen Getränken sind sie häufig krank, sind zu dünn oder zu dick, haben oft schlechte Zähne und eine ungesunde Hautfarbe. Zur geschilderten finanziellen Lage der Mutter und zu den damit verbundenen Auswirkungen auf die Kinder kommt die schlechte gesundheitliche Verfassung.

Ohne außerfamiliäre Hilfe, zum Beispiel durch Freunde oder Institutionen, sind insbesondere die Kinder verloren. Sie tragen keine Schuld und haben keinen Einfluss auf die Situation ihrer Mutter oder ihrer Eltern, haben aber die Konsequenzen zu tragen. Ein Leben voller Mängel und Defizite steht ihnen bevor. Der Staat, der diese Kinder alleine lässt, schaut zu, wie die Verlierer der Gesellschaft von morgen heranwachsen. Als hätte er nichts damit zu tun und anscheinend ohne sich groß damit auseinanderzusetzen, zahlt er folglich, oft ein Leben lang, Transferleistungen für diese Kinder von heute und Erwachsenen von morgen. 7 000 € kostet den Staat durchschnittlich ein Hartz-IV-Empfänger pro Jahr. Bleibt ein Hartz-IV-ler sein gesamtes Leben abhängig von Transferleistungen, so kann der Staat schnell mal, mit Wohngeld und weiteren Leistungen, mindestens 600 000 € auf den Tisch legen müssen. Und das bei beständig sechs Millionen Transferleistungsempfängern. Muss das so sein?

Natürlich nicht. In den letzten Jahren und Jahrzehnten sind viele Fehler gemacht worden. Durch die Einführung des Euros haben sich in den Jahren danach die Lebenshaltungskosten in Deutschland fast verdoppelt. Das wird durch die Politik zwar bestritten, aber letztendlich zahlen wir heute in Euro das, was wir früher in DM bezahlen mussten. Heute verzieht ein Restaurantgast nicht einmal mehr das Gesicht, wenn für ein Gericht nebst Getränk auf der Rechnung, die ihm der Kellner unter die Nase hält, ein Betrag von 20 € steht. Vorausgesetzt, der Gast steht in Lohn und Brot, denn eine Hartz-IV-Mutter mit Kindern wird sich das niemals leisten können.

Eine Mutter, die regelmäßig in die Arche kommt, erzählte uns kürzlich, sie sei noch nie in ihrem Leben in einem Restaurant gewesen. Diese Mutter hat zwei Kinder, die heute 14 und 16 Jahre alt sind. Auch die Kinder waren erst wenige Male in ihrem Leben in einem Restaurant, und wenn, dann in einem Fast-Food-Lokal. In der Schule können die Heranwachsenden über ihre Lebensumstände nicht sprechen, ohne zu riskieren, gemobbt zu werden.

So erzählen sie ihren Mitschülern immer wieder Dinge, die sie angeblich erlebt haben, die aber tatsächlich nur ihrer Fantasie entspringen. Sie denken sich Ereignisse aus, bauen sich eine Scheinwelt auf. In für sie und ihre Würde bedrohlichen Situationen greifen die Jugendlichen auf diese Scheinwelt zurück. Sie ist sozusagen ein Anker, wenn das Selbstwertgefühl ins Wanken gerät, zumindest für einen Augenblick.

Einer der Jungs, die regelmäßig in die Arche kommen, musste kürzlich einen Aufsatz schreiben. Seine Erlebnisse in den Sommerferien sollten thematisiert werden. Er hat sich prompt eine Reise nach Mallorca ausgedacht. Das Internet war ihm dabei behilflich und lieferte ihm schicke Details für seine Fantasiereise. Der Junge hatte einfach

Angst, von dem Lehrer und den Mitschülern ausgelacht zu werden, wenn er erzählt hätte, dass er in den Ferien nichts erlebt hatte und sich seine Mutter einen Urlaub schlichtweg nicht leisten kann.

Unter solchen Umständen werden Kinder schon in der Schule zum Lügen animiert. Wie groß müssen die Not und der Druck dieser Kinder sein, wenn sie sich zu solchem Handeln mehr oder weniger gezwungen sehen? Der Junge besucht übrigens eine sogenannte Brennpunktschule, eine Schule, in der sich viele Kinder aus problematischen Familien treffen.

Hier müssen sie sich Wissen aneignen, das sie in ihrem späteren Leben niemals werden verwenden können. Warum gehen eine Lehrerin oder ein Lehrer, die doch über die Defizite der Schüler Bescheid wissen, nicht einfach mal mit ihnen in ein Restaurant essen? So würden sie den Kindern helfen, sich der Welt, die sich ihnen in ihrem »normalen« Leben nie erschließen wird, auf unkomplizierte und respektvolle Weise zu nähern. Das bringt diesen Schülern mehr, als Matheaufgaben zu lösen, an die sie sich im späteren Leben sowieso nicht erinnern werden. Bewusst geworden ist uns dieser Gedanke, den Schulalltag der problematischen Kinder sehr lebensnah zu gestalten, auch durch die tägliche Arbeit in den Archen. In einer Berliner Einrichtung überraschte uns einmal ein Jugendlicher, er war so um die fünfzehn Jahre alt, mit einer eigentlich simplen Frage, auf die wir allerdings so schnell keine Antwort fanden: »Warum lernt man eigentlich in der Schule nicht, wie man die Mädchen anspricht?«

Die erste Pizza seines Lebens

Paul ist 14 Jahre alt. Er wohnt mit seiner jüngeren Schwester, seinem kleinen Bruder und seinen Eltern in einem Hochhaus gleich neben der Arche. Eine seltene Familienkonstellation für uns, in den meisten Familien, die wir hier kennen, gibt es keinen Vater, nur eine Mutter. Wenn die Kinder von ihrem Vater sprechen, nennen sie ihn oft nur »Erzeuger«, oder sie sagen: »Ich hasse meinen Vater.« So ein richtiger Vater ist schon selten, aber ebendieser Paul hat noch einen Vater, der zu Hause bei der Familie wohnt. Seine Mutter konnte vor ein paar Jahren bei uns in der Arche als Reinigungskraft anfangen. Das tat der Familie wirklich gut. Sie arbeitet immer noch bei uns und ist zuverlässig und dankbar und macht ihre Sache wirklich sehr gut.

Paul ist in der Pubertät. Er ist seit einiger Zeit schlechter in der Schule geworden – viel schlechter. Er schwänzt teilweise den Unterricht, macht keine Hausaufgaben und zeigt kein wirkliches Interesse mehr an der Schule. Pauls Mutter möchte mit einer Arche-Mitarbeiterin reden, weil wir da als Arche doch vielleicht etwas machen können, vermutet sie.

Wir sind immer sehr erfreut, wenn sich Eltern, oder ein Elternteil, an uns wenden und sie sich für die schulischen Ergebnisse ihrer Kinder interessieren. Viele der Eltern in dieser Umgebung tun das nicht. Wir als Arche geben wirklich unser Bestes, um den Kindern dabei zu helfen, ihre schulischen Leistungen zu verbessern und einen Schulabschluss zu erreichen. Im Jugendbereich, das ist der Bereich in der Arche, den die Kinder ab dem 13. Lebensjahr besuchen, kann man sich sogenannte »Credits« verdienen, unsere arche-interne Währung. Man kann die Credits für alles Mögliche erhalten, zum Beispiel für Mitarbeit hinter dem Tresen, an dem Getränke und kleine Imbisse ausgegeben werden, oder für das Saubermachen in diesem Bereich. Die meisten Credits bekommen die Jugendlichen aber, wenn sie ihre Hausaufgaben machen oder den

Nachhilfeunterricht in der Arche in Anspruch nehmen.

Die Credits werden einem »Konto« gutgeschrieben. Von ihrem Guthaben können die Teenies sich dann etwas »kaufen«, meistens sind das Schulmaterialien, Rucksäcke, Stifte, manchmal aber auch Spielsachen, alles aus dem Vorrat an Sachspenden. Wir veranstalten einmal im Jahr ein Lerncamp und fahren eine ganze Woche lang, kurz vor den Schulprüfungen, mit einer Gruppe Jugendlicher in eine ruhigere Gegend außerhalb von Berlin. Bis zum späten Nachmittag wird intensiv gelernt, und am Abend folgen dann zur Entspannung der Lernenden die verschiedensten Aktionen wie Schwimmen oder Klettern.

Wir lassen uns einiges einfallen, um die Teenies bei Laune zu halten und für die nächste Lernrunde zu motivieren. Es ist häufig schwierig, die Kids davon zu überzeugen, dass es wichtig ist, einen guten oder überhaupt einen Schulabschluss zu absolvieren. Wir betonen, dass er wichtig ist, um später einen Beruf zu erlernen, eine Ausbildung zu machen. In der Realität und ihrem unmittelbaren Umfeld wird ihnen oft ein anderes Bild vermittelt. Im Bezirk Hellersdorf ist der Nachbar, der Onkel, die Mama – einfach alle sind »Hartz IV«, und niemand versteht wirklich, warum es Sinn ergibt, arbeiten zu gehen. »Mach dir keine Sorgen – wenn du mal groß bist, gibt's Hartz IV«, haben wir schon von unseren Jüngsten gehört.

Viele der Kinder, die in die Arche kommen, begleiten wir schon fast ihr ganzes Leben oder wir kennen sie schon seit langer Zeit. Als wir einmal in einem Feriencamp waren, Paul war auch mit, wurden wir von einer Pizzeria zum Pizzaessen eingeladen. Alle Kinder durften sich eine Pizza aussuchen. Ein großes Highlight für die Kids. Auch Paul bestellte sich eine Pizza: Salami mit Käse. Die Pizzen wurden am Tisch serviert, und er saß einfach nur da und starrte glücklich auf seine Pizza, ohne auch nur einen einzigen Happen davon zu essen.

Wir fragten ihn: »Warum isst du nicht? Die Pizza wird kalt.«

Er meinte total entrüstet: »Auf gar keinen Fall esse ich davon ein Stück, das kann ich nicht.«

»Warum nicht?«, fragten wir verständnislos.

Er erklärte dann, noch nie in seinem ganzen Leben in einem Restaurant gewesen zu sein. Sein größter Wunsch war immer gewesen, einmal in einem Restaurant zu essen, und jetzt war es endlich so weit. Er sagte, er werde diese Pizza mit nach Hause nehmen und sich als Andenken an die Wand hängen. Wir mussten uns zunächst das Lachen verkneifen, aber er meinte es ernst. Herzergreifend. Es kostete uns einiges an Anstrengung, ihn endlich davon zu überzeugen, dass das keine gute Idee sei und er die Pizza jetzt essen müsse. Paul war schon ein wirklich süßes Kerlchen.

Nun war das Kerlchen 14 Jahre alt und seine Eltern wollten mit mir über seine schulische Situation sprechen. Es freute uns, dass sich seine Erziehungsberechtigten dafür interessierten, und so setzten wir uns gemeinsam mit Paul zusammen und überlegten, was man tun konnte.

Der erste Vorschlag kam direkt vom Vater. Wenn er sich bis zum Ende des Halbjahrs verbessere, dürfe er sich etwas wünschen, brachte der Vater zur Sprache. Wir würden uns dann bemühen, ihm diesen Wunsch zu erfüllen, fuhr er fort. Diese Offerte kam bei uns gut an und Paul konnte sich auch dafür begeistern. Er ging darauf ein, und wir fragten ihn, was er sich wünschen würde, falls er es schaffe, seinen Notendurchschnitt um mindestens eine Note zu verbessern. Wir waren auf seinen Wunsch sehr gespannt, denn ein großes

Vorhaben stand ihm entgegen. Was soll sich so ein 14-jähriger pubertierender Junge schon wünschen, sinnierten wir, ein Handy, eine Playstation oder so etwas vielleicht?

Pauls Antwort ließ nicht lang auf sich warten: »Ich möchte sehr gern mit meinem Vater ein Fußballspiel gucken.« Na, damit hatten wir nicht gerechnet, ein Fußballspiel, mehr nicht.

Wir dachten, na ja, er war noch nie in einem großen Fußballstadion gewesen, und konnten den Wunsch so nachvollziehen. Doch als Paul ihn genauer erklärte, wurde uns klar, dass er gar nicht von einem Fußballspiel in einem Stadion redete. Er meinte ein Spiel im Fernsehen – einfach so, im Fernsehen. Sein größter Wunsch war, allein mit seinem Vater auf der Couch zu sitzen und ein Fußballspiel zu schauen, so richtig ausgestattet mit Chips und Cola. Nur ein einziges Spiel.

Das folgende Halbjahr über strengte er sich richtig an. Tatsächlich gelang es ihm, seine Leistungen um eine ganze Note zu steigern. Der Abend wurde geplant und genauso durchgeführt, wie Paul es sich gewünscht hatte. Er schaute, gemeinsam mit seinem Vater auf der Couch sitzend, ein Fußballspiel der Championsleague im

Fernsehen an. Er, ganz allein mit seinem Papa, mit Chips und Cola. Paul war überglücklich und berichtete uns freudestrahlend von diesem wunderschönen Abend.

Das ist ein Erlebnis, das uns stark bewegt hat. Unsere Kinder in der Arche wünschen sich in erster Linie keine großen Dinge, nichts, was manch einer vielleicht vermuten würde. Sie wünschen sich Geborgenheit, Liebe, mal in den Urlaub zu fahren oder dass Mama und Papa sich nicht so oft streiten sollen. Der Vater von Paul hat keine Arbeit, er hat somit Zeit. Warum hat er seinem Sohn nicht schon viel früher diesen Wunsch erfüllt? Die Dinge, die ein Kind glücklich machen, kosten im Allgemeinen nicht viel. Ein Kind sagte einmal: »Weißt du, wir sind gar nicht arm, wir haben nur kein Geld.«

Hartz IV teilt Deutschland in zwei Klassen

Zurück zu den durch die Politik verursachten großen Fehlern der letzten Jahre. Die Einführung von Hartz IV war ein großer Missgriff, ein Fehler, der besonders die Kinder unserer Gesellschaft in eine prekäre Lage gebracht hat. Fast ein Vierteljahrhundert kämpft die Arche gegen Kinderarmut. Doch noch nie war es so schwer wie heute. Hartz IV bedeutet für unsere Klientel eine Stigmatisierung ungeheuren Ausmaßes.

Vor 2005 konnte man seinem Umfeld noch erzählen, dass man zurzeit ohne Arbeit ist, also arbeitslos. Es war eine fast belanglose Auskunft über die momentane Lebenssituation, eine negative

Bewertung durch das jeweilige Gegenüber hatte sie kaum zur Folge. Man bekam Arbeitslosengeld und hoffte auf ein neues Jobangebot. Die Chancen, wieder in Lohn und Brot zu kommen, waren damals einfach größer als heute. Der Status »zurzeit ohne Arbeit« ist ein ganz anderer als »ich bin Hartz IV«.

Heute haben wir in Deutschland ein Zweiklassensystem. Da gibt es den Bevölkerungsanteil, der Arbeit hat und sich ein schönes Leben leisten kann. Diese Menschen stellen etwas dar, leben selbstbewusst und würdevoll. Der andere Teil der Bevölkerung hat keine Arbeit oder nur so wenig, dass er von Transferleistungen leben oder »aufstocken« muss. Diesen Menschen fehlt es gewaltig an Würde, denn das System drängt sie in eine Situation, in der sie kein selbstbestimmtes Leben mehr führen können.

So sieht es in der Realität aus. Hartz IV bedeutet Stigmatisierung. Es ist schwer, aus diesem Leben, das früher, vor Einführung der »Sozialreform«, oft nur einen Lebensabschnitt ausmachte, wieder herauszukommen. Zahlreiche Arbeitgeber stellen keine Menschen ein, die länger als drei Jahre Transferleistungen bezogen haben. Das erzählen uns die Familien in unseren Archen.

Vor allem die Kinder dieser sozial benachteiligten Familien werden von Geburt an mit der Armut konfrontiert, die eine Folge der Hartz-IV-Reform ist. Wenn in zahlreichen Schulen immer noch unsensibel nach den Berufen der Eltern gefragt wird und die Kinder mit »Wir sind Hartz IV« antworten müssen, dann erhalten die Kinder ein Stigma, ein unbewusstes Merkmal, das sich bei den Mitschülern und auch beim Lehrerkollegium festsetzt. Das ist gelebte Realität in den Schulen und nur ein Beispiel, wie Kinder ausgegrenzt werden.

Oft zielt die Frage nach den Berufen der Eltern, und überhaupt von Personen, mit denen wir uns beschäftigen, auf eine grobe Orientierung, ist Hilfestellung beim Einordnen der Person. Die Frage kann auch problemlos und ohne Hintergedanken beantwortet werden, sofern man Arbeit hat, einen Beruf ausübt. Aber was löst diese Frage bei Menschen aus, die keine Arbeit haben? Darüber sollten wir nachdenken. In unzähligen Gesprächen mit Arche-Eltern und Arche-Kindern stellten wir fest, dass dieses Thema, diese Situationen bei den Betroffenen ein Gefühl hinterlassen, das nur schwer zu verkraften ist. Nur ein psychisch stabiler Mensch lässt sich davon nicht umhauen. Wenn es schon schwer ist, genügend Energie für das eigene Leben aufzubringen, wie soll da noch Motivation aufkommen, sich für die Politik zu interessieren, von der unsere Arche-Familien so enttäuscht sind, dass sie das ganze System anzweifeln.

»Warum vergessen die uns?« Diese Frage wird uns als Arche immer wieder gestellt. Eine Antwort auf diese Frage haben wir bis heute nicht gefunden.

Nancy, ein Mädchen aus der Arche, blickt zurück

Ich war sehr schüchtern und introvertiert. Ein Kind, das die Hoffnung verloren hatte. Nur ungern sprach ich mit Menschen. Warum denn auch, wenn die mir keine Aufmerksamkeit schenkten? Mich traurig sahen, aber nicht halfen? Schulfreunde hatte ich nicht, ich spielte lieber allein mit den Schnecken. Denn im Gegensatz zu den Schulkameraden konnten mir diese Schnecken nichts antun. Eigentlich wollte ich nur jemanden zum Spielen haben und mein Pausenbrot teilen, aber ich war froh, dass mir wenigstens die Schnecken nicht wehtaten. Mir fiel zunächst nicht auf, wie unbeliebt ich wurde. Mehr und mehr. Dass meine Schulkameraden mich nicht leiden konnten. Ich war ausgegrenzt, hatte keinen Freundeskreis, ich war allein.

Der Weg nach Hause dauerte so lange. Ein falsches Lächeln aufsetzen, mich bewusst langsam wie die Schnecken bewegen, denn ich hatte Angst und mir war bange, dass jemand erfuhr, wie es mir ging. Es war schwer zu ertragen, dass Kinder mich beschimpften, wobei meine dunkle Hautfarbe immer eine Rolle spielte. Wie es mir zu dieser Zeit innerlich ging, war die Steigerung von schlecht. An manchen Tagen jedoch war das Lächeln in meinem Gesicht echt. Und zwar immer dann, wenn ich die Arche besuchte, wo eine Stimme mich rief und innerlich beruhigte. Ich sah Gesichter, die mir inzwischen bekannt waren, die für mich da waren und mich schätzten, mir halfen, meine Lasten zu vergessen. Dort spielte meine Hautfarbe keine Rolle.

In der Arche fand ich, was ich suchte. Und zwar mich. Die Fähigkeit, offener zu sein und mich mit anderen anzufreunden, mit ihnen zu reden und zu lachen, alles so Sachen, die ich vorher nicht gewagt hatte.

Die Arche entdeckte ich durch einen Bekannten. Blicke ich zurück, muss ich mich bei ihm bedanken. Ich war neu hier. Ich kannte kaum ein Kind. Ich konnte nicht verstehen, warum alle so gemein zu mir waren. Ich dachte mir, bestimmt liegt es daran, dass ich so schüchtern und zurückhaltend bin. Ich kann einfach keine Freunde haben, mich würde niemals jemand akzeptieren. Doch in der Arche wurde ich akzeptiert. Ich habe auch gelernt, mich selber zu akzeptieren. Heute habe ich Freunde.

Blicke ich zurück, erinnere ich mich besonders an diesen einen Tag in der Schule. Den Tag, als meine Mitschüler grundlos auf mich losgingen und mich gnadenlos zusammenschlugen. Sie traten auf mich ein, ich spürte jeden Tritt. Sie spuckten mich an, ich wartete und wartete, dass jemand mir half. Doch sie zogen an meinen Zöpfen und beleidigten mich. Mit all der Kraft, die mir blieb, versuchte ich zu entkommen, humpelte Richtung Klassenzimmer, doch man versperrte mir den Weg. Ich sei in der Klasse nicht willkommen.

Ein Albtraum. Inzwischen glaube ich, dass solche Momente den Charakter formen. Sehe ich heute in die Gesichter der Menschen, die mir all dies angetan haben, schenke ich ihnen ein Lächeln, denn ich vergebe ihnen. Unvorstellbar, dass ich das jemals vergessen kann. Doch schaue ich mich an, erkenne ich, dass mich all das zu einer stärkeren Person gemacht hat.

Die Erfahrung, die ich in der Schule machte, war schlimm. Denn ich war jung und wusste nicht, wohin. Doch wenn ich mit Freunden in der Arche spielte, vergaß ich diese Erfahrungen. Ich genoss die Zeit mit Freunden. Jeden Morgen war ich gezwungen, mich an die Schulprobleme zu erinnern. Die Zeit verging so grauenhaft langsam.

Jahre später, als ich ungefähr zwölf oder dreizehn Jahre alt war, hörte ich auf, die Arche zu besuchen. Eine strenggläubige muslimische Freundin erzählte mir damals vom Islam und versuchte, mich, indem sie mir Angst machte, in die Religion zu zwingen. Doch ich widerstand dieser Versuchung. Unbewusst bestärkte eine gute Freundin mich mit ihren Worten, ermutigte mich und verdeutlichte mir, dass es jemanden gab, der mich liebte, so wie ich war. Sie half mir, in die Arche zurückzukehren, wo man mich mit offenen Armen willkommen hieß.

Schon immer hatte ich Freude am Singen, wurde darin auch unterstützt und gefördert. Durch den Gesangsunterricht, den ich in der Arche noch heute bekomme, wurde ich nicht nur besser, sondern auch sicherer auf der Bühne. All das motiviert mich, für andere da zu sein. Denn auch für mich war jemand da und motivierte mich, mein Talent, das in der Arche gefördert wird, auch zu nutzen, um durch die Musik selbstbewusst und gestärkt für andere Herausforderungen im Alltag gewappnet zu sein.

Vor Jahren hätte ich nie gedacht, dass ich es schaffe, alleine vor einem Publikum zu singen. Vor allem, ohne dabei in Ohnmacht zu fallen. Doch durch die Hilfe, die mir angeboten wurde, ist dies heute möglich. Ich bin nach wie vor schüchtern und vieles macht mir Angst. Doch ich gebe nicht auf und versuche, in jeder stressigen Situation die Ruhe zu bewahren.

Ich habe in meinem Leben gelernt, nicht auf schlechte Kommentare zu hören, aber die motivierenden Worte anzunehmen und zu glauben. Ich habe mithilfe der Arche und meiner besten Freundin neues Selbstvertrauen und Selbstbewusstsein gewonnen. Ich weiß heute, dass ich jemand bin. Wenn man dir immer wieder sagt, dass du niemand bist, glaubst du es irgendwann. Erst durch die Hilfe anderer hat sich das geändert. Blicke ich auf heute, freue ich mich, dass Menschen an mich geglaubt haben und glauben. Mir ist klar geworden, dass ich niemals aufgeben darf.

Eltern vererben ihren Kindern den Hartz-IV-Status

Ist man in einer der Archen, davon gibt es ja zurzeit 25 Häuser in Deutschland, und führt Gespräche mit den Kindern oder auch Eltern, beim Mittagessen oder bei irgendwelchen Veranstaltungen, fällt auf, dass sie kaum Geschichten erzählen können. Kein Highlight, nichts Beeindruckendes findet in ihrem Alltag statt. Von allen hört man fast immer das Gleiche. Ein schöner Tag in ihrem Leben findet dann statt, »wenn wir wieder Geld auf dem Konto haben, dann können wir wieder einkaufen gehen«, so unsere Eltern.

Ein tristes Dasein, dem jegliche Perspektive fehlt. Es scheint, als wenn sie eines Glücklichseins überhauptnichtwürdigseien. Ihr Selbstbewusstsein liegt tief im Keller verborgen. Diese fast depressive Lebenseinstellung erlernen beziehungsweise übernehmen die Kinder natürlich. Eltern vererben ihren Kindern den Hartz-IV-Status.

In der Arche sprechen wir schon vom »Hartz-IV-Adel«. Adel deshalb, weil es sich um eine Menschengruppe handelt, die unter sich bleibt, wo die Lebensform innerfamiliär tradiert wird, sich eben weitervererbt. In ihrem Lebensumfeld gibt es kaum Verwandte und Freunde, die einen Beruf ausüben, der Kontakt zu anderen Bevölkerungsgruppen ist so gut wie gar nicht vorhanden. »Bist du ein Hartzer?«, fragen junge Leute immer dann, wenn einer ihrer Freunde auf etwas keine Lust, keinen Bock hat. »Hartzer« wird heute gleichgesetzt mit Schmarotzer, und das frisst sich tief in die Seelen der betroffenen Menschen hinein. Auf Dauer werden sie so psychisch krank.

Eines haben wir in der Arche gelernt. Man kann nur dann mit und von Hartz IV ein erträgliches und einigermaßen würdevolles Leben führen, wenn man Verwandte hat, die helfen, unter die Arme greifen, oder eben Einrichtungen besucht wie zum Beispiel die Arche und die Tafel.

Ohne diese unkomplizierte, schnell verfügbare und kostenlose Unterstützung hat ein bedürftiger Mensch keine Chance auf ein würdevolles Leben.

Was mache ich, wenn die Waschmaschine oder der Fernseher kaputtgeht? Was mache ich, wenn meine Kinder ein Fahrrad brauchen, um in die Schule zu kommen? Was mache ich, wenn meine Kinder Nachhilfe und neue Bücher für die Schule benötigen? Was mache ich, wenn in der Schule meiner Kinder eine Klassenfahrt ansteht? Was mache ich, wenn meine Kinder nach Kleidung einer bestimmten Marke fragen?

Wir können diese Fragen endlos um weitere ergänzen und uns bei der Beantwortung und Hilfestellung die größte Mühe geben, doch eines ist klar: Wir müssen alle gemeinsam den Kindern helfen, aus dieser Misere herauszukommen. Es ist eine gesellschaftliche und moralische Verpflichtung. Wenn sich Kinder in Deutschland so schlecht ernähren müssen, dass sie davon krank werden, muss ich mich dann nicht für dieses Land schämen? Das ist eine Frage, die wir uns als Verantwortliche der Arche immer wieder stellen. Unser Land produziert Transferleistungsempfänger, ob bewusst oder unbewusst, aber auf jeden Fall ohne wirtschaftlichen Wert. Warum fördern wir unsere Kinder nicht so, dass sie später ein selbstbestimmtes Leben führen können?

Deutschland hat keine anderen Ressourcen als seine Kinder. Wir haben kaum noch Kohle, nur ein bisschen Öl und ansonsten eben nur unsere Kinder. Viele davon lassen wir allein, mit ihren Familien, die nicht die Möglichkeit haben, sich um ihren Nachwuchs so zu kümmern, wie sie es eigentlich tun sollten. Nur durch stabile Personen und gesunde Beziehungen können Kinder für ihr Leben stark gemacht werden. Wie wichtig diese Beziehungen sind, schildern wir in diesem Buch noch an anderer Stelle.

Wenn Eltern ihren Kindern diese Grundvoraussetzung nicht ins Leben mitgeben können, brauchen wir Erzieher, Lehrer und Psychologen, die Zeit und Interesse haben, sich um die Kinder zu kümmern, in sie zu investieren und ihnen einen guten Start ins Leben zu ermöglichen. Das kann nur in den Kitas, bei freien Trägern wie der Arche und natürlich in den Schulen stattfinden. Dazu bedarf es deutlich mehr an Pädagogen und anderen fachlich ausgebildeten Personen. Sie zu bezahlen, wird immer noch günstiger sein, als ein Leben lang für Transferleistungen aufkommen zu müssen oder – noch schlimmer – die Kosten für übervolle Gefängnisse zu tragen.

Dieser letzte Punkt scheint vielleicht etwas abwegig zu sein, doch betrachtet man ihn näher, wird der Zusammenhang schlüssig. Wer eine Strafe, die ihm aufgrund eines Vergehens auferlegt wird, nicht zahlen kann, kommt ins Gefängnis. Das Risiko, inhaftiert zu werden, ist dadurch für den ärmeren Teil der Bevölkerung größer als für jene, die über genügend Geld verfügen. Der Normalbürger begleicht seine Geldstrafe und das war's. Wer am Existenzminimum lebt und per se wenig Geld zur Verfügung hat, geht zur Abgeltung seiner Strafe für Tage oder Wochen, manchmal auch für Monate, ins Gefängnis. Für den Staat ist das keine gute Lösung, denn diese Form der Strafe kostet Geld, statt welches einzubringen. Ein Tag im Gefängnis kostet das Gemeinwesen mehr als 100 €.

Man kann heute nur schätzen, wie viele Menschen in Deutschland eine Ersatzhaftstrafe verbüßen. Ein Mitarbeiter einer Haftanstalt in Berlin sagte uns, das seien in manchen Gefängnissen bis zu 40 Prozent aller Insassen. Genauere Zahlen dazu sind leider nicht verfügbar. Sicherlich könnte der Gesetzgeber dieser Entwicklung, die so viel Steuergeld verschlingt, entgegenwirken. Aber vielleicht findet man es einfacher so. Warum das so ist, wissen wir nicht.

Kommen wir auf die Leute zurück, die Ersatzhaftstrafen verbüßen müssen. Wie wird man so schnell kriminell? Was ist passiert?

Zumeist sind es nur kleine Vergehen. Unbezahlte Rechnungen und dadurch angestaute Säumniszuschläge lassen schnell einen Geldbetrag anwachsen, der irgendwann nicht mehr bezahlbar ist. Das passiert zum Beispiel, wenn unvorhersehbare Ausgaben das Monatsbudget belasten. Etwa wenn die Waschmaschine ihren Geist aufgibt oder andere Haushaltsgeräte kaputtgehen.

Andere Haushalte legen sich für den Notfall eine Reserve zur Seite, die hier betroffenen Familien aber nicht. Wie auch?

Eine Arche-Mutter hatte sich vor einem Umzug Geld für einen kleinen Mietlaster beiseitegelegt. Sie wollte aus Sparsamkeit in eine kleinere Wohnung ziehen. Die Mutter arbeitete als Friseuse und verdiente 1 050 € netto im Monat. Sie bezog also keine Transferleistungen. Wie das Leben so spielt, warf ein unvorhersehbares Ereignis die Pläne der Frau über den Haufen. Sie musste ihrem Sohn ein neues Fahrrad kaufen, weil ihm das alte gestohlen worden war, natürlich nicht versichert. Da der junge Mann das Rad dringend für den langen Schulweg brauchte, blieb der Mutter keine andere Wahl. Die Rechnung für den Mietlaster konnte sie erst Monate später zahlen, sodass beträchtliche Säumniszuschläge hinzukamen. Das Geld reichte nicht mehr aus.

Als wäre das nicht schon genug gewesen, kam auch noch ein Strafmandat für das gemietete Fahrzeug hinzu, da sie vor der neuen Wohnung im Halteverbot geparkt hatte. Die Frau hatte nicht gewusst, dass sie für den Umzug in der engen Wohnstraße eine Parkgenehmigung hätte beantragen können. Das Bußgeld konnte sie nicht bezahlen, eine Ersatzhaftstrafe von zehn Tagen war die Folge. Der Sohn wurde für die Zeit der Haft seiner Mutter in eine Jugendeinrichtung eingewiesen, weil sich niemand um ihn kümmern konnte. Wie krank muss ein System sein, das seine Bürger so behandelt? Von den Kosten, die der Staat zu tragen hat, mal ganz abgesehen.

Lisa kann so sein, wie sie ist

Eine kleine Gruppe Kinder im Alter von sechs bis zwölf Jahren sitzt nach einigen ausgelassenen Mannschaftsspielen auf ihren Stühlen und wartet gespannt auf das Thema der Kinderparty des heutigen Tages. Wöchentlich findet in jeder Arche eine Kinderparty statt, die jedes Mal ein anderes Motto hat. Dort spielen wir gemeinsam, proben Theaterstücke, machen Musik und singen Lieder oder veranstalten ein Quiz mit kniffeligen Fragen.

»Was bedeutet Freundschaft?«, werden die Kinder heute gefragt. Es fallen mehrere Antworten wild durcheinander. Das mit dem Aufzeigen müssen wir noch üben. Ein Mitarbeiter bittet um Ruhe und erzählt den Kids, was für ihn Freundschaft heißt. Es bedeutet, immer füreinander da zu sein. Die Kinder diskutieren leidenschaftlich über das heutige Motto. Eines der Mädchen, die bei jeder unserer Kinderpartys in dieser Arche mitmachen, ist die zehnjährige Lisa.

Lisa kommt zusammen mit ihren Geschwistern schon seit vielen Jahren. Die Kids gehören fest zu unserer Arche-Familie in Köln. Wenn sie mal nicht da sind, dann fällt das auf, egal wie viele Kinder in der Arche sind. Natürlich fragen wir am nächsten Tag nach, warum sie nicht kommen konnten. Manchmal rufen wir auch am selben Tag noch den Vater an und fragen nach den Gründen des Wegbleibens.

Heute sitzen wir am Tisch, und Lisa erzählt ein wenig aus ihrem Schultag, von Provokationen der Mitschüler und Lehrer, von Streitereien, einem Klassenverweis und so manch anderen Frustrationen. Dieser für sie schlechte Schultag ist leider kein Einzelfall. Aber das Reden darüber scheint ihr gutzutun. Es fühlt sich gut an, dass ihr nur mal jemand zuhört. Sie fühlt sich dabei ernst genommen und verstanden, zu ihren Bezugspersonen hat sie nach und nach Vertrauen geschöpft.

Wie so viele andere Kinder in Deutschland wächst auch Lisa in herausfordernden Familienverhältnissen auf. Sie ist eines von fünf

Kindern. Ihre Eltern leben seit einigen Jahren getrennt. Die Mutter zog weg und hat seit Monaten keinen Kontakt mehr zu ihren Kindern. Lisa belastet das schwer, ihr fehlt die Mama, die Frau an ihrer Seite.

Dabei war es ihre Mutter, die vor einigen Jahren auf uns zukam und die Kids in der Arche anmeldete. Sie erzählte, dass beide, Vater und Mutter, aus unterschiedlichen Gründen keinen Job hatten und somit auf Hartz IV angewiesen waren. Der Vater, Klaus, geht hin und wieder irgendwelchen Gelegenheitsjobs nach, die aber kaum Geld einbringen. Die Familie sucht daher auch regelmäßig eine der Kölner Tafeln auf, da das Geld von der Arbeitsagentur für sie alle nicht ausreicht. Mit der Möglichkeit, dass die Kinder von montags bis freitags in der Arche einige entspannte Stunden verbringen können und dort täglich ein warmes Mittagessen erhalten, wird das knappe Familienbudget entlastet. Auch werden die Kinder auf Wunsch der Mutter bei den Hausaufgaben unterstützt.

Diese Mutter, Melanie, lernten wir vor Jahren als eine sehr warmherzige und redselige Frau kennen. Bereitwillig erzählte sie uns anfangs, was sie so alles beschäftigte und wie herausfordernd ihr

Alltag war. Bei einer Tasse Kaffee in der Arche entstehen häufig solche Gespräche. Melanie nahm lange Zeit regelmäßig am Elternfrühstück teil, für uns eine spezielle Möglichkeit, in der Arche mit den Eltern ins Gespräch zu kommen und sie über bestimmte Themen zu informieren. Immer wieder betonte Mutter Melanie den Konflikt zwischen ihr und ihrem Ehemann. Die Schilderung untermalte sie häufig mit Schimpftiraden, die den Mann gar nicht gut dastehen ließen. Sie warf ihm vor, das Geld zum Fenster rauszuwerfen. Hierin sah sie auch den Grund dafür, dass die Familie nicht über die Runden kam.

In der Vergangenheit kam Lisa, immer wieder in die viel zu großen Klamotten ihrer Brüder gekleidet, in ausgelatschten Schuhen schluffend, in die Arche. Sie versuchte sich dann zu rechtfertigen, dass sie das T-Shirt oder den Pulli tragen wolle und sich darin wohlfühle. Dennoch ließ Lisa sich gerne in unsere Schatzkammer einladen – so wird in der Arche die Kleiderkammer genannt. Die Freude über ein neues Paar Schuhe, ein passendes T-Shirt und einen Pullover war stets groß. Wie gut, dass wir in solchen Fällen auf die zahlreichen Sachspenden unserer Unterstützer zurückgreifen können. Gute Schuhe zum Beispiel, die Voraussetzung für einen gesunden Kinderfuß sind, lassen sich von einem Hartz-IV-Budget nicht ohne Weiteres finanzieren, zumindest nicht in der Häufigkeit, die das schnelle Wachstum eines Kindes erfordert. Die Kleiderkammer trägt den Namen »Schatzkammer« völlig zu Recht.

Sehr oft saßen wir in der Mittagszeit gemeinsam mit Lisa im Speiseraum am Tisch und aßen eine warme Mahlzeit. Es war nicht nur das gute Essen, das Lisa im Beisein ihrer Freundinnen und eines Arche-Mitarbeiters genoss, sondern auch das Gespräch, das Zusammensitzen am Tisch, das Lachen und Zuhören. Für Lisa war es häufig die erste Mahlzeit am Tag. Sie versuchte es damit zu erklären, dass für ein Frühstück einfach die Zeit gefehlt habe oder sie zu spät aufgestanden sei. An ein Pausenbrot konnte in der Hektik des Morgens auch nicht gedacht werden.

Die Beziehung zwischen den Arche-Mitarbeitern und Lisas Mutter wurde mit der Zeit immer stabiler, eine starke Vertrauensbasis war geschaffen. Melanie kostete es auch keine Überwindung, die Arche um Unterstützung in Form eines Lebensmittelpakets zu bitten. Natürlich hätte sie an der einen oder anderen Stelle auch etwas sparsamer sein, vielleicht auf

Zigaretten verzichten können, dennoch versorgten wir sie gerne mit den Lebensmitteln. So kamen wenigstens die Kids für eine gewisse Zeit in den Genuss von Milch, Brot, Käse und vor allem Gemüse und Obst.

Leider veränderte sich Melanie zusehends. Es fiel uns auf, dass sie im Umgang mit ihren Kindern sehr inkonsequent wurde und immer öfter Alkohol trank. Diesen Alkoholkonsum versuchte sie zunächst lange Zeit zu verbergen, doch später ließen selbst diese Versuche nach und ihre Sucht kam ans Tageslicht. Die Situation zu Hause spitzte sich zu. Melanie trank immer mehr und schlug sogar ihre Kinder. Nach einem fürchterlichen Streit in der Familie zog die Mutter aus und lebt seither in einer anderen Stadt. Die Kinder blieben aus freier Entscheidung alle bei ihrem Vater Klaus.

Das Familienchaos blieb natürlich nicht ohne Folgen für die Kinder. Lisa wurde immer dickköpfiger, hörte nicht mehr auf die Arche-Mitarbeiter und widersetzte sich jedem, der ihr helfen wollte. Sie schrie, bockte, trat und schlug um sich, biss und kratzte, sobald sie ihren Willen nicht bekam, und machte dabei selbst vor den Mitarbeitern nicht halt. Lisa fiel es schwer, sich an Regeln zu halten. Wenn es nicht nach ihrem Willen ging, brach für sie eine Welt zusammen.

Doch unter dieser offensichtlich harten Schale verbarg sich ein liebenswertes Mädchen. Wir wussten um ihr wahres Wesen und dessen Schönheit, gaben sie deshalb nicht auf. Selbst mit dem Risiko, gebissen, getreten und geschlagen zu werden, war es uns wichtig, dieses verletzte Mädchen zu lieben, es in den Arm zu nehmen. Wir spürten bei jeder weiteren Umarmung, wie die Mauer um sie herum nach und nach einfiel. Intensive Gespräche, das Spielen und Lachen mit Lisa und die beständige Annahme zahlten sich aus, und sie fühlte sich mehr und mehr »zu Hause«, entwickelte immer mehr Vertrauen und Respekt.

Ihr Bruder Nick, inzwischen 15 Jahre alt, ist ein ruhiger, unauffälliger, jedoch aufgeschlossener Junge. Schon immer hatte er es genossen, in der Arche zu sein, Fußball zu spielen und zu toben oder sich mit Mitarbeitern zu unterhalten. Er wirkte ausgeglichen und so, als ob ihn die herausfordernde Situation zu Hause nicht beträfe. Anfänglich zumindest, doch als die Probleme in der Familie zunahmen, wurde auch Nick aggressiver. Er war leicht reizbar, beschimpfte andere Kinder und ging wegen Kleinigkeiten auf sie los. Es war nicht immer einfach für uns, Gewaltausschreitungen jeglicher Art konsequent anzugehen, aber gleichzeitig mit viel Liebe und Ausdauer an den Kids dranzubleiben.

Aber auch hier zahlten sich all die intensiven Gespräche, konsequent durchgeführte Maßnahmen und Zeiten gemeinsamer Unternehmungen aus, ob beim Spiel oder bei Workshop-Angeboten. Nick fand Schritt für Schritt wieder in seine ausgeglichene, fröhliche und spitzbübische Art zurück. Heute ist er für die Arche eine große Bereicherung, da er bisweilen selbstständig den einen oder anderen Konflikt zwischen zwei Streithähnen schlichten kann. In der Schule kommt er ganz gut zurecht und bittet um Hilfe, wenn er welche benötigt.

Wie auch bei Lisa machten wir uns große Sorgen um Tim, das älteste der fünf Kinder. Tim zeigte häufig ein aggressives Verhalten und schreckte auch vor Gewalt, verbaler oder körperlicher, nicht zurück. Ob in der Arche, in der Schule oder sogar zu Hause – es gab viele Situationen, in denen er sich nicht mehr unter Kontrolle hatte. Selbst Lisa wollte zu dieser Zeit nicht alleine mit ihm sein, seine unberechenbare Art machte ihr

Angst. Leider mussten wir ihn hin und wieder, wenn seine Aggressivität überhandnahm, für einen festgelegten Zeitraum aus der Arche ausschließen. Tim kam immer wieder zurück und bat uns, die Einschränkungen aufzuheben. Er bemühte sich sehr, sich an die Abmachungen zu halten, und wollte auch seine Schulleistungen verbessern.

Seit einigen Wochen wirkt er ausgeglichener und äußert, dass er sich ändern und seinen Schulabschluss machen will. Davon ist er bis heute fest überzeugt. Es macht Spaß, sich mit ihm zu unterhalten. Die Ruhe, die inzwischen in die Familie eingekehrt ist, scheint sich auf alle Familienmitglieder übertragen zu haben. Klaus ist ein guter Vater, und immer wieder hören wir von den Kindern, wie lieb sie ihn haben.

Leider hat sich Melanie seit längerer Zeit nicht mehr bei ihren Kindern gemeldet, selbst an deren Geburtstagen nicht. Lisa erzählt uns, dass sie das sehr traurig macht und dass ihr die Mama fehlt. Gerade jetzt in der Pubertät fehlt ihr einfach eine Frau an der Seite, an die sie sich mit allen ihren Fragen wenden kann. Wir versuchen, ihr immer wieder zu signalisieren, dass wir für sie da sind und dass sie mit ihren Fragen stets zu uns kommen kann. Aber gerade bei ganz persönlichen Anliegen zeigt sich immer mal wieder, dass die Mama nicht ersetzt werden kann.

Obwohl Lisa selbst noch ein Kind ist, übernimmt sie für ihre jüngeren Geschwister sehr viel Verantwortung und kümmert sich um sie wie eine Mutter. Einerseits wünschen wir Lisa, dass sie noch eine lange Zeit unbekümmert Kind sein kann, und anderseits freuen wir uns, sehen zu dürfen, wie liebevoll und verantwortungsvoll sie mit ihren kleineren Geschwistern umgeht.

Auch wenn Ruhe und Stabilität eingekehrt sind, gibt es weiterhin Herausforderungen im Alltag der Familie. Doch wir sehen, was gemeinsam alles möglich ist. Es lohnt sich, in die Familie zu investieren. Lisa ist auch bei der kommenden Kinderparty wieder dabei. Welches Thema es wohl diesmal zu diskutieren gibt? Doch sie weiß, dass sie so sein kann, wie sie ist – kantig, schlecht oder gut gelaunt, ehrlich, schön, liebenswert –, und dass wir auch weiterhin für sie und ihre Anliegen da sein werden.

Was nützen die Phrasen aus der Politik?

Wenn wir in den Archen von Politikern, Journalisten und anderen Besuchern gefragt werden, warum viele Familien sich so hängen lassen und nicht arbeiten gehen oder sich zumindest vernünftig um ihre Kinder kümmern, schütteln wir über die mangelnde Empathie zumeist ungläubig den Kopf. Manchmal ärgern wir uns auch über so viel Unwissen, Gedankenlosigkeit und Ignoranz.

Ein Politiker, ein FDP-Bundestagsabgeordneter, war besonders dreist und arrogant. Er schimpfte über die Eltern unserer Kinder und versuchte, uns deutlich zu machen, dass jeder, der arbeiten wolle, auch arbeiten könne. Konkrete Vorschläge oder Hilfsangebote machte er natürlich nicht. Nicht alle Menschen haben die gleichen Fähigkeiten, und nicht jeder hat die

Kraft, um im heutigen Arbeitsmarkt bestehen zu können. Die Gründe dafür haben wir ja bereits aufgeführt.

Wir gehen davon aus, dass es in Deutschland rund zwei Millionen Menschen gibt, die nie wieder werden arbeiten können. Sie haben es einfach verlernt. Rund 40 Prozent der Kinder, die täglich die Archen in Deutschland besuchen, müssen ohne ein Frühstück in die Schule gehen, weil die Eltern morgens nicht aufstehen und einfach keine Lust haben, sich schon so früh um ihre Kinder zu kümmern. Das ist Fakt und nicht nur bei den Arche-Kindern so. Dies ergaben Umfragen unter Lehrern, allerdings gibt es dazu keine wissenschaftliche Studie.

Wenn es so ist wie eben geschildert, nützen diese Phrasen aus der Politik nur wenig. Die Fragen nach dem Warum helfen weder den Kindern noch den betroffenen Erwachsenen.

Was ist also zu tun? Wir brauchen an allen Schulen ein kostenloses Schulfrühstück und -mittagessen. Wir als Arche bieten das an einigen Schulen schon an und es wird von fast 70 Prozent aller Schülerinnen und Schüler an den ausgewählten Schulen auch angenommen. Wir brauchen weiter ein für Eltern kostenloses

Schulsystem. Schulmaterial und vor allem der Nachhilfeunterricht dürfen kein Geld kosten. Auch Bücher, die Schulkinder lesen müssen oder sollen, müssen für die Familien grundsätzlich kostenlos ausgegeben werden. Zudem sollten alle Schülerinnen und Schüler sowie alle Auszubildenden kostenlos in den Städten das Nahverkehrssystem nutzen dürfen. Dann, und nur dann, werden Kinder aus den sozial schwächeren Familien nicht mehr stigmatisiert.

Auch das sogenannte Bildungspaket ist ein Witz. Wenn ein talentiertes oder auch weniger talentiertes Kind gefördert werden muss, reicht das wenige Geld dafür hinten und vorne nicht. Was sind schon knapp zehn Euro im Monat für Nachhilfeunterricht? Davon kann nicht mal eine einzige Stunde bezahlt werden. Auch bleibt es den Mitschülern und Lehrern nicht verborgen, wenn eine Familie Geld aus dem Bildungspaket in Anspruch genommen hat. Die betroffenen Schüler schämen sich, lenken ungewollt die Aufmerksamkeit ihres Umfeldes auf sich und würden lieber im Erdboden versinken, als wieder aufzufallen. Das Sozialsystem ist hier keine große Hilfe, sondern schwächt die Kinder immer mehr. Wir müssen uns also intelligentere Sozialsysteme überlegen. Die kostenlose Förderung aller Schulkinder in Deutschland vom Frühstück bis zur Nachhilfe wäre eine denkbare Lösung.

Bei der Förderung der in Deutschland lebenden Kinder ist vor allem wichtig, dass nicht die Eltern Empfänger der Förderung sind, die häufig in Form von Geld erfolgt. Der »Filter«, den die Eltern somit darstellen, muss abgeschafft werden. Wenn etwa das Kindergeld erhöht wird, kommt das Geld nicht immer tatsächlich bei den Kindern an. Davor müssen wir die Kids schützen und sie darin bestärken, ihren eigenen Weg zu gehen. Das ist nur mit Menschen möglich, die Zeit haben, sich um diese Kinder zu kümmern.

In den Archen sind die Mitarbeiter und Mitarbeiterinnen, die hauptberuflichen wie die ehrenamtlichen, wichtige Ansprechpartner für die Kinder. Natürlich sind ein schönes Zuhause oder ein schönes Schulgebäude wichtig, aber für die Kids sind es die Lehrer, Erzieher, Sozialpädagogen und Sozialarbeiter, auf die es ankommt. Kinder brauchen also beständige Beziehungspartner. Deswegen benötigen wir mehr Menschen in Kitas und Schulen. Ein Lehrer ist heute nicht mehr nur ein Vermittler von Wissen, oft muss er Aufgaben übernehmen, die eigentlich den Eltern obliegen. Aber wenn die sie nicht erfüllen wollen oder können, müssen Erzieher und Lehrer an den Schulen ran. Geschieht das nicht, sind die betroffenen Kinder für immer verloren.

Aisha und ihre Familie

Als wir Aisha kennenlernten, konnte sie ihre riesige Zuckertüte kaum halten. Sie strahlte über beide Ohren vor Freude und Stolz: »Endlich bin ich ein Schulkind!« Damit ist Aisha jetzt auch ein Arche-Kind, denn sie kommt in unsere »erweiterte schulische Betreuung« in der Frankfurter Nordweststadt. Ein Stadtteil, wo eine Arche eben hingehört: hohe Arbeitslosigkeit, frühe Drogen- und Gewaltkarrieren, Graffiti an den Hochhäusern und kleine Wohnungen für große Familien.

Aishas Familie kommt aus Nordafrika, die Mutter trägt Kopftuch. Irgendwann brachen ihre Eltern auf nach Deutschland, hofften auf ein besseres Leben. Sie feierten in Hamburg die Geburt ihrer drei gesunden Kinder. Aber das Geld war und ist immer noch knapp. Dann, auch für uns ganz plötzlich, trennten sich die

Eltern. Der Vater verließ die Familie. Die Mutter musste sich von heute auf morgen allein um die drei Kinder kümmern. Doch ihr Deutsch ist auch heute noch gebrochen und mit den beruflichen Qualifikationen sieht es ebenfalls nicht gut aus. Als sie das erste Jobangebot bekam, hätte sie an ihrem Arbeitsplatz kein Kopftuch tragen dürfen. Ihr religiöses Gewissen aber quälte sie. Den Job wollte sie, trotz großer finanzieller Not, nicht annehmen. Der älteste Sohn, inzwischen ein Teenager, trieb sich im Stadtteil herum und wurde sogar gewalttätig. Er schlug regelmäßig auch seine Mutter und Geschwister. Alle hatten Angst vor ihm. Die Mutter, die jetzt wenigstens für die Kleinen ein sicherer Hafen hätte sein sollen, war mit alldem überfordert. Sie saß zu Hause, während die Kids in Schule und Kita waren. Die Sorge um die Zukunft war ihr ständiger Begleiter. Immer wieder stieg dabei ihr Puls, und der Schweiß begann ihr von der Stirn zu tropfen – Panikattacken. Ihre Psyche hielt dem äußeren Druck nicht mehr stand.

Das merkten auch die Kinder. Aisha äußerte das bei uns immer wieder: Als eine Kollegin sie bat aufzuräumen, weil die Arche ihre Pforten schloss, rastete das Kind völlig aus. Es trat, kratzte und bespuckte unsere Kollegin. »Halt die Fresse! Hurentochter! Lass mich in Ruhe!« Das Gesicht des Mädchens glühte vor Wut, die Augen füllten sich mit Tränen. Aisha konnte einfach nicht mehr. Sie wusste nicht, wohin mit ihrer Wut und Trauer. Regelmäßig, wenn Aisha etwas nicht gefiel, reagierte sie so. Wenn sie Hausaufgaben machen sollte, wenn sie Streit hatte mit den anderen Arche-Kindern oder wenn ihr auf einem Arche-Ausflug etwas nicht passte. Dann wollte sie sich einfach davonschleichen – mitten in der Stadt.

Aisha wurde immer wieder Thema im Arche-Team. Wie konnten wir ihr und ihrer Familie helfen? In der Arche fühlte sich Aisha ganz wohl, trotz der zahlreichen Konflikte. Sie schwärmte auch von unseren Feriencamps, eine Woche nur mit Freunden wegfahren, spannende Geschichten erleben, Spiele, Basteln und Erwachsene, die wirklich Zeit für sie hatten. Erwachsene, die zuhörten, trösteten, ermutigten und sie immer wieder annahmen – obwohl sie genau diese so oft bespuckte, trat und kratzte.

Die häufige Teilnahme an Arche-Camps und das alleinige Zuhören und Trösten reichten bei Aisha aber nicht aus. Wir beschlossen, die Familie regelmäßig zu Hause zu besuchen.

Was wir dort sahen, schockierte uns. Aisha und ihre beiden Brüder schliefen auf dem verdreckten Teppichboden zwischen sich türmenden Klamottenbergen. Es gab in dieser Wohnung keine Betten, keine Kleiderschränke. In der Küche stapelte sich das ungewaschene Geschirr und auch auf der Toilette sah es katastrophal aus. Die Kinder wurden stundenlang vor dem Fernseher geparkt. Kinderspiele und Gesellschaftsspiele waren praktisch nicht vorhanden.

Alleine waren wir hier überfordert. Wir wollten das Jugendamt mit ins Boot holen, doch die Mutter erzählte uns, dass Leute von dort ohnehin schon häufiger bei ihr zu Gast waren. Ein Arche-Mitarbeiter nahm Kontakt zum zuständigen Sozialarbeiter auf, und seitdem läuft die Zusammenarbeit zwischen der Familie, dem Jugendamt und der Arche hervorragend. Wir wollen gemeinsam der Familie helfen. Inzwischen zahlt das Jugendamt sogar einen bestimmten Betrag für eine Familienhilfe. Das ist eine Person, die mehrmals pro Woche die Familie besucht und in praktischen Dingen unterstützt. Diese Familienhilfe ist wirklich Spitzenklasse. Eine sehr engagierte, liebevolle Frau, die das leistet, was die Mutter nicht leisten kann und leider manchmal auch nicht leisten will. Sie organisiert beispielsweise mit uns zusammen Spiele für die Kinder, wenn die Mutter keine Zeit hat oder einfach nicht möchte. Das bringt Entspannung in die Familie und das Zusammensein wird für die Kinder einfach schöner.

Auch äußerlich sollte jetzt alles besser und schöner werden. Gemeinsam mit ein paar Arche-Mitarbeitern renovierten wir das Zimmer des ältesten Sohnes. Das mobilisierte übrigens die ganze Familie. Mutter und Kinder halfen mit und räumten erst einmal auf. Die Wohnung sah wieder richtig schön aus. Selbst der Vater kam vorbei und strich die Kinderzimmer. Auch Betten und Kleiderschränke konnten wir gemeinsam organisieren. Jetzt hat endlich jeder seinen eigenen Rückzugsraum. Das ist für Mutter und Kinder gleichermaßen wichtig. Auch die Mutter blühte etwas auf. Durch diese neuen Strukturen und Veränderungen in ihrem Leben nimmt sie auch wieder zuverlässiger ihre Verpflichtungen wahr.

Aishas Verhalten blieb aber auffällig. In ihren Augen war eben nicht alles gut. Die Trennung der Eltern versteht sie bis heute nicht. Sie hat auch noch nicht gelernt, dass auf viele Erwachsene Verlass ist, dass sie Kind sein darf und sich fallen lassen kann. Aber diese Schwierigkeiten haben auch eine positive Auswirkung gezeigt: Zu ihrem jüngeren Bruder wuchs eine besondere Verbindung, die die beiden wie Pech und Schwefel zusammenhalten ließ, übrigens bis heute. Als Aisha die Arche schon verlassen hatte, wünschte sich ihr Bruder zu Weihnachten ein Arche-Geschenk für seine Schwester und nicht für sich selbst. Die Kids dürfen sich nur eine Sache wünschen. Gerade durch die Nöte und Sorgen, die Schwierigkeiten in der Familie hat sich ein enges Beziehungsband gebildet.

Aisha musste nach vier Jahren die Grundschule verlassen und geht nun auf eine andere Schule. Ihr jüngerer Bruder hat dagegen ihren Platz eingenommen und besucht regelmäßig unsere Einrichtung bei der Grundschule. Wir werden an dieser Familie dranbleiben.

Arche-Arbeit ist Beziehungsarbeit

Die Arche hat eine Vision: »Wir machen Kinder stark fürs Leben! Der Schlüssel zum Herzen eines Kindes sind Liebe und Beziehung. In der Arche erleben Kinder Wertschätzung und Vertrauen – unabhängig von ihrem sozialen Hintergrund. Wir sind und bleiben dauerhaft an ihrer Seite.«

Die »Beziehung«, die hier genannt wird, ist es wert, näher erläutert zu werden, denn sie prägt die gesamte Arche-Arbeit, ist ein Grundpfeiler unserer Pädagogik, hat eine tragende Rolle inne.

Viele der Kinder, die die Arche besuchen, erleben in ihrem sonstigen Umfeld Ablehnung, Vernachlässigung, körperliche Gewalt sowie sexuellen Missbrauch und reagieren darauf mit Beziehungsstörungen oder mangelndem Selbstwertgefühl. Die Arche bemüht sich, den

Kindern dauerhafte Bezugspersonen zur Seite zu stellen, von denen sie sich geliebt, angenommen, versorgt und beschützt wissen. In diesem Fall sind die Pädagogen die Gebenden, gehen auf die Kinder ein und versuchen, sie zu verstehen.

Die mit Problemen behafteten Kinder sind anfänglich nur schwer zu erreichen, können die herkömmliche Zuwendung nur schwer zulassen und lassen sich zunächst nicht auf eine Beziehung ein. Sie haben die Nase voll von persönlichen Enttäuschungen und Verletzungen. Erkennen sie mit der Zeit in den Arche-Mitarbeitern Vertrauenspersonen, ist auch die Bereitschaft, neue Erfahrungen zu machen, geweckt. Kommen Besucher in die Arche, dann stellen sie sehr schnell fest, wie anhänglich viele Kinder sind. Durch die vertrauensvolle Atmosphäre in der Arche fühlen sich Kinder ernst genommen und somit in der Lage, Zuwendung einzufordern. Häufig entsteht der Eindruck, dass sich Kinder die Zuwendung, die ihnen bisher verwehrt wurde, zurückerobern. Beziehungen kann man nicht erzwingen. Durch Authentizität und Verlässlichkeit entstehen sie freiwillig.

Ich will so ein Leben für meine Kinder nicht

Das Erste, was mir bei der Wohnung von Familie Akay, die ich gerade betrete, auffällt, ist der fehlende Bodenbelag im Flur. Die nackten Wände sind mit Kindermalereien bekritzelt. Ich besuche Salma und ihre Familie, die wir schon viele Jahre kennen. Salma hat drei Kinder: die Zwillinge Rani und Oktan, die inzwischen zwölf Jahre alt sind, und die neunjährige Fatime, die an einer schweren Herzerkrankung leidet. Ihr Mann, Ardan, hat starke psychische Probleme und kann Salma kaum unterstützen. Sobald ich auf dem durchgesessenen Sofa Platz genommen habe – eine Sprungfeder reißt mir fast meinen Pulli auf –, bekomme ich eine Tasse Tee und Salma fängt an zu erzählen. Es ist nicht so leicht, ihr zu folgen, immer wieder ringt sie um Fassung, und die Tränen laufen ihre

Wangen hinunter. Ihre aktuelle Lebenssituation, ihre schwierige Kindheit, Schulprobleme der Kinder, Fatimes Krankheit, alles erzählt sie durcheinander, und die ersten 20 Minuten höre ich erst einmal nur zu, um zu verstehen, was gerade ihre größte Not ist.

Salma ist in Deutschland geboren und aufgewachsen, ihre Eltern kamen als Gastarbeiter aus der Türkei und haben viel gearbeitet. Gemeinsam mit ihren sechs Geschwistern war sie schon bald auf sich gestellt. Als eine der älteren Töchter musste sie sich schon früh um ihre jüngeren Geschwister kümmern und hat so viel Verantwortung übernommen. Lief etwas zu Hause nicht gut, wurde sie von ihren Eltern geschlagen. Salma erinnert sich noch gut daran, wie sie und ihre Schwester in den Wald gelaufen sind, um Schlägen zu entgehen. Die Schule spielte keine große Rolle in ihrem Leben, die Familie und der Haushalt waren wichtiger. Deshalb kann Salma heute auch kaum lesen und schreiben. Mit knapp 20 Jahren wurde sie mit einem Mann aus der Türkei verheiratet, den sie nur flüchtig kannte. Zu Anfang lief die Ehe ganz gut. Doch nach und nach zog sich Ardan immer mehr zurück, begann, leichte Drogen zu nehmen, und entwickelte eine psychische

Erkrankung, dazu kam das Glücksspiel, er verlor viel Geld an Automaten in dubiosen Spielhallen. Ohne Unterstützung vom Staat konnten sie nie leben, auch wenn beide immer mal wieder kleinere Jobs hatten.

»Ich will so ein Leben für meine Kinder nicht. Ich will, dass sie anders leben. Rani und Oktan sollen eine Ausbildung machen. Aber ich schaff das nicht, ich kann ihnen da nicht helfen.« Traurig und verzweifelt schaut sie mich an. »Die beiden brauchen Hilfe, sie haben schon so viel Schlimmes in ihrem Leben erlebt. Immer kommen sie zu kurz, ich brauche so viel Zeit für Fatime!«

Als ihre jüngste Tochter zur Welt kam, hatte sie einen schweren Herzfehler. Solange sie klein war, konnte die Familie ganz gut damit umgehen, aber je älter sie wurde, desto schwerere Folgeerkrankungen kamen dazu. Ihre Entwicklung verzögerte sich stark. Viele Arztbesuche, zusätzliche Kosten, Sorgen, viele Operationen.

Salma hat ihr Leben angepackt und dabei immer sehr stark gewirkt. Aber nun, da ich sie zu Hause besuche und ihr zuhöre, kommt vieles hoch, und sie sagt, dass sie eigentlich nur überleben möchte. Inzwischen kennen die Akays die Arche schon sieben Jahre. Über diese Zeit ist das Vertrauen stark gewachsen und die Arche zum Anlaufpunkt in jeder Lebenslage geworden. Gemeinsam mit Salma überlegen wir immer wieder, wie es weitergehen kann und was ihre Kinder und sie als ganze Familie brauchen. Jetzt und auch in Zukunft. Dabei ist es hilfreich, dass wir im Stadtteil gut vernetzt sind und so Hilfe mit Schulen und anderen Einrichtungen absprechen können.

Salma erzählt, wie sich die Zwillinge immer mehr zurückziehen. Abgesehen vom Schulbesuch gehen sie kaum noch aus dem Haus. Der Zusammenhalt zwischen den Geschwistern und die Beziehung zur Mutter sind stark und vertrauensvoll. Sie unterstützen sich gegenseitig. Für die Kinder ist dies jedoch eine Überlastung. Der Kontakt der Kinder zum Vater gestaltet sich ohnehin schwieriger. Er ist heute psychisch einigermaßen stabil und nimmt keine Drogen mehr. Aber die Kinder sind im Umgang mit ihm vorsichtig, zu tief sitzen die Erinnerungen an Gewalt, Beleidigungen und anderes für die Kinder unerklärliches Verhalten. Die Zwillinge haben ihre jüngere Schwester sehr lieb, leiden aber darunter, dass die Mutter oft wenig Zeit für sie hat und sich nicht so gut um ihre Sorgen kümmern kann.

Deshalb versuchen sie, vieles selbst zu regeln und keine Probleme zu verursachen. In der Schule macht es sich bemerkbar, dass die Kinder kaum Unterstützung von zu Hause bekommen, die Leistungen fallen ab. Oktan ist zunehmend frustriert und wird schnell wütend. Rani wirkt meistens angepasst. Aber manchmal hält sie es nicht mehr aus, kommt mit anderen Kindern nicht mehr klar und ist in Schlägereien in der Schule und mit Nachbarskindern verwickelt.

»Rani und Oktan sollen wieder öfter in die Arche gehen«, meint Salma.

Mit meinen Kollegen bespreche ich, dass die beiden nochmals persönlich eingeladen werden. Außerdem stehen unsere Jungs- und Mädchencamps an. Als ich Rani davon erzähle, leuchten ihre Augen auf – da möchte sie unbedingt mitfahren. Oktan ist zurückhaltender. So richtig kann er sich das nicht vorstellen. Auch wenn er die männlichen Mitarbeiter mag. Mama mit Fatime und dem Vater allein zu Hause zu lassen, das möchte er nicht. An den Zwillingen heißt es für uns, dranzubleiben, sie nicht aus dem Blick zu verlieren. Je komplizierter es in der Familie ist, desto schwerer fällt es ihnen, sich von zu Hause zu lösen. Wir suchen kreative Wege, die beiden zum Besuch der Arche zu motivieren. Von Salma werden wir dabei, so gut sie kann, unterstützt. Auf dem Pausenhof der Zwillinge gibt es ein Pausenangebot der Arche, sodass wir sie dort regelmäßig sehen und sie zu besonderen Aktionen einladen können. Wir besuchen sie und holen sie gelegentlich von zu Hause ab. Bei Eltern-Kind-Tagen sind sie immer gerne dabei und beteiligen sich aktiv am Programm. Auch bezüglich der Lernleistungen konnten wir die Zwillinge in Kooperation mit der Schule stärken.

»Mama, kann ich auf den Spielplatz gehen?«, fragt Rani. »Kiara ist unten.«

»Kiara – von unserem Mutter-Kind-Camp?«, möchte ich wissen.

»Ja, wir treffen uns öfter«, antwortet Rani.

Salma strahlt mich an: »Wenn Kiara da ist, geht Rani immer runter – sonst nicht. Oktan ist dann meistens dabei. Ich bin so froh, dass sie sich angefreundet haben.«

Seit einigen Jahren fahren wir einmal im Jahr mit Müttern und Kindern gemeinsam eine Woche weg. Das ist immer eine sehr besondere Zeit. Die Frauen müssen sich mal nicht um den Haushalt kümmern und die Kinder erleben ihre Mütter ohne den Alltagsstress in einer unbeschwerten

Atmosphäre. Immer wieder bekommen wir die Rückmeldung, dass sie so eine schöne Woche noch nie erlebt hätten.

Mit den Müttern »arbeiten« wir in diesen Tagen auch. Themen werden besprochen. Ganz praktisch: Wie kann ich meinen Alltag gut organisieren, wie Pausen einbauen? Wie zeige ich meinen Kindern, dass ich sie lieb habe, auch wenn der Alltag stressig ist?

In so einer Campwoche erleben wir die Mütter mit ihren Kindern sehr intensiv. Wir können sie bestärken und manchmal auch neue Wege aufzeigen im Umgang mit den Kindern. Vor allem soll es aber eine Zeit der Wertschätzung und Unbeschwertheit sein. Und wenn dann Freundschaften entstehen, die Kinder aus der Isolation holen, war solch ein Camp ein voller Erfolg. Salma und die Kinder waren schon zweimal dabei. Wir wollen ihnen möglichst viel Zeit geben, in der sie Kraft tanken und ihre Sorgen loslassen können. Beim letzten Camp kam eine ehemalige Mitarbeiterin extra für Fatime mit, sonst hätte die Familie nicht dabei sein können. Das war für die Akays ein echtes Highlight, nachdem eine Kur abgebrochen werden musste, da die Klinik sich nicht in der Lage sah, mit Fatime umzugehen.

Als Fatime sechs Jahre alt ist, steht eine schwere Herzoperation an. Es ist fraglich, ob sie überleben wird. Es ist eine Zeit, in der es Ardan sehr schlecht geht. Er konsumiert verstärkt Drogen, ist psychisch äußerst labil und verspielt immer wieder das knappe Haushaltsgeld. Salma weiß nicht mehr, wo ihr der Kopf steht. Nicht nur die immensen Sorgen um Fatime bewegen sie, sondern auch manch bedrückende Frage: ob das Geld fürs Essen reicht, die Fahrkarten für den Weg zum Krankenhaus gekauft werden können, wie die Zwillinge diese Zeit überstehen sollen und ob Ardan für die Familie überhaupt noch tragbar ist.

Als Arche wissen wir, dass wir die Familie in dieser Zeit besonders unterstützen müssen. Kurzerhand entscheiden wir, dass eine Kollegin für diese schwierige Zeit um die OP herum freigestellt wird, um nur für Familie Akay da zu sein. Wie gut, dass das restliche Team bereit ist, dies aufzufangen. Unsere Kollegin ist täglich mit Familie Akay im Krankenhaus. Sie ist bei Arztgesprächen dabei, wacht an Fatimes Bett, wenn Salma zu ihren großen Kindern nach Hause geht, spricht Salma Mut zu und vermittelt zwischen den Eheleuten Akay. Im Krankenhaus eskaliert die Situation zwischen den Eltern immer wieder, und es endet damit, dass Ardan Hausverbot bekommt.

Die Zwillinge sind stark verunsichert und schlafen zeitweilig bei Verwandten. Fatime erholt sich nach der OP überraschend gut und schnell. Als sie nach Hause darf, sind alle sehr froh. Sie entwickelt sich immer besser, lernt, sich gut zu artikulieren, und kann regelmäßig zur Schule gehen. Nur Ardan bleibt sehr labil. Zeitweilig hat er polizeiliche Auflagen und darf die gemeinsame Wohnung nicht betreten. Für die Zwillinge wird eine Therapie gesucht, um ihnen zu erleichtern, diese traumatische Zeit zu verarbeiten. Rani lässt sich gut darauf ein. Oktan wird immer verschlossener. Auf das nächste Mutter-Kind-Camp können die Akays mit. Ein Wunder, dass die Ärzte zustimmen. Wir sehen deutlich, wie gut diese Tage besonders den Zwillingen tun. Eine andere Umgebung, Abstand zur angespannten häuslichen Situation und viel gemeinsames Lachen ohne Verantwortung. Das gibt Kraft und Mut für den Alltag.

Die Wohnsituation ist ein großes Thema für Akays. Sie wohnen im vierten Stock, und Fatime kann die Treppen dorthin oft nicht mehr alleine bewältigen. Ihre Sauerstoffversorgung ist nicht gut genug. Bei ihren knapp 60 Kilogramm können die Eltern sie aber auch nicht mehr tragen. Eine neue Wohnung hat die Familie bisher nicht gefunden, das ist mit drei Kindern und Hartz IV in Hamburg fast unmöglich. Vermittlungsversuche unsererseits haben leider auch noch nicht gefruchtet.

Vor einigen Jahren war die Freude riesig, als die Krankenkasse immerhin ein behindertengerechtes Bett für Fatime bezahlte. Lange hatten die Akays nicht gewusst, dass dies überhaupt möglich ist. Gemeinsam haben wir damals die Anträge ausgefüllt, was wichtig war, denn Salmas Mann spricht nur gebrochen Deutsch und sie selbst hat Lesen und Schreiben kaum gelernt.

Als wir die Akays zum ersten Mal besuchten, waren wir völlig entsetzt. Salma hatte uns gefragt, ob wir ihnen mit der Wohnung helfen könnten, und lud uns zu sich nach Hause ein. Zu jener Zeit war Ranis und Oktans Zimmer in einem desolaten Zustand. Matratzen am Boden, kein Schreibtisch, ein Kleiderschrank, der halb auseinanderfiel. Von Vorhängen oder einer schönen Tapete ganz zu schweigen. Auch die Küche war kaum benutzbar. Einzelne Schränke standen herum. Ein Herd, ein Kühlschrank, keine Arbeitsplatte.

Wir schrieben eine Stiftung an und bekamen Geld für die Kinderzimmer, eine gebrauchte Küche wurde gespendet. Meine Kollegin nahm sich viel Zeit, um gemeinsam mit der Familie die Wohnung umzugestalten. Unser Haustechniker und andere Mitarbeiter halfen mit. Es wurde gestrichen, gebohrt und gebaut und am Ende sah die Wohnung richtig gemütlich aus. Der Stolz und das Strahlen von Oktan, Rani und Salma, als sie mir ihre frisch renovierte Wohnung präsentierten, werde ich nicht vergessen.

Später wollten die Akays im Flur neuen Boden legen, jedoch kam eine weitere OP von Fatime dazwischen. Bis heute haben sie es nicht geschafft, den ramponierten Boden zu erneuern.

Die große Renovierung ist jetzt einige Jahre her, und man sieht bereits die Spuren des Alltags mit Fatime, die sich immer wieder unkontrolliert bewegt – dabei geht hin und wieder auch etwas zu Bruch. Momentan hoffen wir, dass ein Bett für Rani gespendet wird. Ihr altes ist durchgekracht, als Fatime darauf herumtobte.

Eines Tages kommt Salma in die Arche, um nach Kleidung für ihre Kinder zu fragen. Anspruchsvoll ist sie dabei nicht und freut sich umso mehr, wenn sie schöne Sachen findet.

»Fatime hat ja bald Geburtstag, bekommt sie auch wieder ein Geschenk von euch?«, fragt sie.

»Lego Friends«, überlege ich laut, »das mag sie so gerne.«

»Lieber nicht, sie kann das nicht mehr so gut«, antwortet Salma. Ich schaue sie fragend an. »Fatime hat nicht mehr genug Sauerstoff im Blut. Die Lippen werden ganz schnell blau. Sie redet auch nicht mehr so flüssig. Eine Barbie oder so wäre toll. In zwei Wochen muss sie ins Krankenhaus, kannst du beim Gespräch dabei sein? Ich versteh das alles nicht so gut und dann bin ich auch so aufgeregt.«

Zwei Wochen vergehen. Ich erreiche Salma nicht. Dann meldet sie sich. Das Gespräch mit dem Arzt war schon. Ganz spontan. Fatime braucht wahrscheinlich eine Herztransplantation. Sie hat ja quasi nur ein halbes Herz und das funktioniert nicht mehr richtig. Sauerstoffflaschen und ein Monitor werden nach Hause geliefert. Salma redet am Telefon ganz durcheinander, immer wieder bricht ihre Stimme.

Am nächsten Tag besuche ich sie. Fatime läuft zur Hochform auf und bringt uns alle mit ihrer fröhlichen Art zum Lachen. Sie macht Späße und rennt in der Wohnung herum. Als sie dann neben uns sitzt und ich meine Hand auf ihren Brustkorb lege, merke ich, wie schnell ihr Herz klopft und wie lange es braucht, um sich zu beruhigen. Ich frage, ob ich auf die Toilette gehen kann. Salma schaut erst, wie Fatime diese hinterlassen hat. Seit einiger Zeit kann sie sich nicht mehr ganz sauber halten.

Rani geht mit Fatime zum Spielen ins Kinderzimmer und Salma beginnt zu erzählen. Sie ist verzweifelt und hat viele Fragen an die Ärzte. Wir schreiben sie auf, da sie Angst hat, sie zu vergessen, wenn sie den Ärzten gegenübersitzt.

»Kannst du das dann fragen? In solchen Situationen weiß ich gar nicht mehr, was ich denken soll, ich hab dann einfach nur noch Angst um Fatime.«

Als ich sie nach Ardan frage, schüttelt sie nur leicht den Kopf.

»Er redet mit mir nicht darüber, er kann das nicht. Zurzeit geht er gerade auch wieder viel weg. Das hat er lange nicht gemacht. Ich meine, er tut schon, was er kann. Mal kochen und putzen und seine Arbeitsbeschaffungsmaßnahme. Aber über Fatime spricht er nicht mit mir. Muss ich das alles alleine tragen? Ich würde alle meine Kinder pflegen bis zum Ende. Aber sterben darf Fatime nicht, sie ist doch erst neun!«

Nach einiger Zeit erinnere ich sie daran, wie Fatime auf unserem Camp mit meiner Kollegin im Watt stecken geblieben ist und beide völlig verschlammt zurück ins Haus gekommen sind. Salma und ich mussten damals herzhaft lachen. »Du findest immer wieder Kraft und Mut fürs Leben und siehst das Gute. Damals sagtest du: ›Ich hab mit Fatime schon so viel Schlimmeres durchgemacht, was ist schon ein verdrecktes und durchnässtes Kind?‹ Und dann hast du Fatime unter die warme Dusche gestellt und gewaschen.«

Salma ist eine starke Frau, die in sich viel Optimismus, Pragmatismus und Humor vereint. Manchmal denke ich, dass das einer der Gründe ist, warum sie eine solche Lebenssituation überhaupt aushält. Vieles davon gibt sie an ihre Kinder weiter. Als Arche wollen wir sie darin unterstützen. Gemeinsam gehen wir mit der Familie Akay ihren Weg weiter, damit Rani, Oktan und Fatime mal wirklich ein anderes Leben haben werden.

Erziehung ohne Beziehung ist nicht möglich

Erst über die vertrauensvolle Beziehung kann man einen Einblick in die Welt des Kindes erlangen, sehen und erkennen, in welchem Umfeld es aufwächst. Über eine sich – wie auch die Beziehung zum Kind – nur langsam aufbauende Beziehung zu den Erziehungsberechtigten wird man als Arche-Mitarbeiter ein Teil der Familie des Kindes und andersherum das Kind mit seinen Eltern ein Teil der Arche-Familie. So entwickelt sich Verständnis für die Lebensverhältnisse der Kinder. Der Pädagoge oder Betreuer betrachtet die Probleme nicht von außen oder aus einer gesicherten Position, sondern erlebt sie mit.

Dadurch, dass sich die Eltern mit ihren Problemen an die Arche wenden, sich öffnen und Beratung zulassen, entsteht ein auf gegenseitiger Wertschätzung beruhendes Verhältnis. In dieser Atmosphäre können Hilfe und Beratung fruchten. Die Lebensverhältnisse der Familien ändern sich, eine positive Wendung tritt ein. Die Veränderungen meint man mit dem bloßen Auge nicht erkennen zu können, so unbedeutend erscheinen sie dem Außenstehenden, dem sich diese Lebenswelt nicht erschließt.

Auf die Veränderung bezogen, ist es erst einmal nicht wichtig, um welche es sich handelt, sondern wie sie entstanden ist. Was hat dazu geführt, dass sich das Kind wohlfühlt und sich den Bezugspersonen öffnet? Unser Anspruch in der Arche ist, jedes Kind wahrzunehmen und so zu behandeln, dass bei ihm das Gefühl entsteht, im Moment das einzige Kind in der Einrichtung zu sein.

Wenn die jungen Besucher die Räumlichkeiten betreten, werden sie mit Namen angesprochen und bei der Begrüßung angeschaut. Meist vollkommen überrascht von dieser freundlichen Geste, erleben die Kinder in diesem Moment, dass sie wichtig sind. »Hast du dir meinen Namen gemerkt?«, fragen sie dann ganz erstaunt den Grüßenden.

Das Kind sollte mit voller Aufmerksamkeit wahrgenommen werden, bei der Begrüßung und auch in einem Gespräch mit ihm, denn es braucht *jetzt* die Zuwendung seines Gegenübers und nicht erst zu einem späteren Zeitpunkt. Natürlich können Kinder in großer Zahl nicht von jedem Pädagogen einzeln begrüßt werden, das wird nicht gehen. Aber das einzelne Kind sollte diesen persönlichen Moment, in dem es im Fokus steht, einmal am Tag erleben. Es ist egal, ob ein Pädagoge oder der Hausmeister diese Aufgabe übernimmt. In der Arche werden die Kinder von jedem Mitarbeiter wahrgenommen, ein freundliches Wort oder auch nur ein wohlwollender Blick in die Augen passt immer.

Dem Kind vorurteilslos und ohne Bedingungen zu begegnen, das zeugt von großer Wertschätzung. Die Kinder genießen die Augenblicke, wenn sie für einige Minuten am Schreibtisch der »Verwaltungsmitarbeiter« verweilen und sich in ein Gespräch einbringen können. Keine Tür bleibt den Kindern verschlossen, aber natürlich müssen auch hier gewisse Regeln befolgt werden. Jedes Kind hat seine eigenen

Bezugspersonen, Sympathien spielen eine große Rolle, und dadurch, dass dem Kind jede Tür offen steht, findet es immer einen Gesprächspartner, und Probleme können so häufig unkompliziert und direkt angesprochen werden.

Beziehung entsteht auch beim gemeinsamen Essen in der Arche. Wir sehen es als wesentlichen Moment, um mit den Kindern im Gespräch zu sein und Beziehungen zu pflegen. Sie erleben eine Atmosphäre, in der sie sich angenommen und zu Hause fühlen. Bei den Mitarbeitern, die in dieser Zeit mit den Kindern am Tisch sitzen, finden sie immer ein offenes Ohr, um Frust oder Begeisterung ihres Alltags zur Sprache zu bringen. Wir vermitteln ihnen: Essen und Gemeinschaft gehören zusammen.

»Die Beziehung zu den Kindern ist der Schlüssel zu den Herzen der Kinder.« So einfach dieser Satz klingt, die Umsetzung ist nicht einfach und keine Selbstverständlichkeit. Sie setzt voraus, dass sich die betreuende Person, also zum Beispiel ein Pädagoge, mit ganzem Herzen für die Belange des Kindes einsetzt. Häufig kommt da der Begriff »professionelle Beziehung« ins Spiel. Kinder müssen in ihrer Entwicklung gefördert werden, Programme und Angebote sind in der Umsetzung der vielen Ziele förderlich. Um sich als erziehende Person und, vor allem, um das Kind zu schützen, ist Professionalität gefragt – und zwar Professionalität in der Beziehung untereinander. Das bedeutet für viele auch Distanz zum Kind – ein weiterer Begriff, der in diesem Zusammenhang auftaucht und eigentlich vollkommen konträr zur Beziehungsarbeit steht.

Um das Kind mit all seinen Problemen noch objektiv betrachten und beurteilen zu können, bedarf es einer gewissen Distanz. Ein solches Denkmuster existiert in den Köpfen vieler Pädagogen und Personen, die sich zur Arbeit mit Kindern berufen fühlen. Distanz zum Kind heißt, anders ausgedrückt, möglichst wenig Emotionen einzusetzen, um sich letztendlich als Pädagoge auch selbst zu schützen. Familienergänzende und nicht familienersetzende Pädagogik ist ein weiterer Begriff, der irgendwie nicht mehr ganz zeitgemäß scheint. Dieses Denkmuster ist veraltet, denn die Zeiten haben sich verändert. Die Arbeit, die die Pädagogen in den Einrichtungen verrichten, hat sich unserer Meinung nach in den letzten Jahren nur wenig verändert. Die Kinder, das Umfeld und die gesamtgesellschaftliche Situation in den letzten Jahrzehnten dagegen sehr. Ausgehend von einem Bild, das Familien in ihren ursprünglichen

Strukturen zeigt, wo die Welt noch in Ordnung war und Kinder in diesen Strukturen Halt fanden, mag dieses Denkmuster der Pädagogen und anderen Verantwortlichen noch Sinn ergeben, aber heute wachsen Kinder anders auf und können in unseren Augen nicht auf Distanz gehalten werden.

Um sich der Arbeit mit Kindern und Jugendlichen aus schwierigen familiären Verhältnissen zu widmen, sei es hauptberuflich als pädagogische Fachkraft oder als ehrenamtlich tätige Person, muss man sich darüber klar sein, dass man investieren muss. Investieren in einen Menschen, der vernachlässigt und abgehängt, dem Bildungsbürgertum weit entfernt, der Gesellschaft zum Problem geworden ist, mit voller Kraft, viel Liebe und Leidenschaft.

Wir können nicht an veralteten Denk- und Ausbildungsmustern festhalten, die der Realität ausweichen. Es darf einem Pädagogen nicht wichtiger sein, ein perfektes Bastelangebot oder einen friedlich verlaufenden Ausflug durchzuführen, als das Lächeln eines vorher verängstigten Kindes nach einer persönlichen Begegnung zu entdecken.

»Man sieht nur mit dem Herzen gut. Das Wesentliche ist für die Augen unsichtbar.« (Aus dem Buch *Der kleine Prinz* von Antoine de Saint-Exupéry)

Karl – der Kleine

Karl ist kein Mann vieler Worte. Mit festem Schritt marschiert er in den Hausaufgabenraum, seine 134 Zentimeter stolz präsentierend. »Komm, lesen!« Er greift sich ein Buch aus dem Regal, lässt sich auf die Couch fallen und erwartet ungeteilte Aufmerksamkeit. Langsam, aber stetig kämpft er sich von Buchstabe zu Buchstabe, bis das ganze Wort entschlüsselt ist. Nach jedem Satzende schaut er mich an. Daumen hoch, und ein strahlendes Lächeln zeigt seine kleinen Milchzahnlücken. Und weiter geht's mit konzentriert gerunzelter Stirn. Nach vier Seiten hat er genug. »Fertig. Ich geh runter. Fußball.« Ein Mann, ein Wort. Oder fünf.

Wenige Minuten später rast er mit Höchstgeschwindigkeit über den Fußballplatz. Er dribbelt, weicht aus, täuscht an, schießt. »Tor!«

Seine Fäuste fliegen in die Luft, er wirbelt in einer kleinen Pirouette herum. Fußball, das ist sein Leben, und es war anfangs aussichtslos, ihn zu überzeugen, dass das langweilige Herumsitzen in der Schule auch von Nutzen sein kann. Und dieses Leiden auch noch durch Hausaufgaben verlängern? Das war lange Zeit undenkbar.

»Hab nichts auf!« Sein Hausaufgabenheft ist permanent unauffindbar und er kann sich partout an nichts erinnern. Sein Plan für einen lernfreien Nachmittag zwischen zwei Toren zerschlägt sich regelmäßig an der Existenz seiner Schwester, Zwillingsschwester, um genau zu sein, und daher in derselben Klasse. Ihre Aufgaben sind auch seine Aufgaben. Die kausale Kette, erst Aufgaben zu erledigen, dann jede Menge freie Zeit zu haben, erschließt sich seinem knapp sechsjährigen Hirn noch nicht. Und so verschwindet er regelmäßig. Unter der Treppe, hinter dem Schuppen, im Büro, auf der Toilette, er ist enttäuscht, dass wir ihn so schnell finden. Mit seinen großen braunen Augen, feucht von unterdrückten Tränen, schaut er uns anklagend an und ergibt sich in sein Schicksal.

Schnell einen Platz am Fenster suchend, schaut er nach interessanten Autos auf der Straße, oder er kramt ein paar Lego-Figuren hervor, die brummend über dem Tisch ihre Kreise ziehen. Rechnen? Hoffnungsvoll malt er beliebige Zahlen hinter die Aufgaben. Nicht richtig? Karl zieht einen kleinen Flunsch und rät noch mal. Lesen? Ein B oder ein P sehen doch nun wirklich komplett gleich aus. Schnell verliert er die Geduld. »Hilf mir jetzt.« Diese Aufforderung bedeutet von ihm: »Mach es für mich!« und bleibt daher unerhört.

»Brauch ich nicht. Ich mach Fußballer.« In dieser längeren Ansprache ist seine gesamte Lebensphilosophie zusammengefasst. Hier hilft nur noch intensive Motivationssteigerung. Fußballtraining, Fußball spielen sind für ihn nur noch nach vollbrachtem Tagewerk angesagt. Diese Konsequenz bringt viele Tränen und ein paar mittelgroße Tobsuchtsanfälle, aber ganz langsam auch ein paar Lernerfolge. Er entdeckt, dass zehn Finger nicht nur nützlich zum Ballhalten sind, sondern auch erfolgreich beim Rechnen eingesetzt werden können. Und die kryptischen Buchstabenreihen entpuppen sich nach und nach als verständliche und bekannte Worte.

Karl wächst. Im letzten Jahr hat er sich um mindestens fünf Zentimeter gestreckt. Und auch seine Persönlichkeit ist gewachsen. Sein

Selbstbewusstsein hat um größere Einheiten zugelegt. Er weiß jetzt, was er kann. Rechnen im Zahlenraum bis zwanzig ist Peanutskram, lässig winkt er ab: »Geh mal, ich mach alleine.«

»Hilf mir« heißt jetzt: »Erklär es mir.«

Lesen und Schreiben sind immer noch Herausforderungen. Aber er stellt sich ihnen, hat er doch herausgefunden: »Fußballer lesen auch.« Und so kommt er ganz von allein, mit hochroten Wangen und die braunen Locken vom Wind verwuschelt, noch einmal vom Fußballfeld. »Komm! Weiterlesen.«

Wo Reibung ist, entsteht Wärme

Der Name ihrer Familie ist im ganzen Stadtteil bekannt. Aber nicht im positiven Sinne als ein Name, der Euphorie auslöst, wie man es vielleicht bei anderen einschlägig bekannten Persönlichkeiten erlebt. Durch das Verhalten vieler älterer Geschwister verbindet man mit dem Namen ihrer Familie Polizeieinsätze, Jugendarrest, asoziales Verhalten, Jugendamt und zahlreiche kriminelle Delikte. Dass wir sie in der Arche mit ihrem Vornamen anreden und die Persönlichkeit dahinter entdecken wollen, war und ist für sie bis heute eine völlig ungewohnte Erfahrung. »Der Gedanke kam mir noch nie, dass mich jemand als ›ich‹ wahrnimmt.« Ihr Leben erscheint so vorgezeichnet. Es haben sich Verhaltensmuster eingeprägt, die nur schwer zu durchbrechen sind.

Hinter ihrer Überlebenskunst steht ein starker Wille, den es positiv zu prägen gilt, doch das erfordert ein erhöhtes Augenmerk unsererseits.

Das ist die grobe Charakterisierung eines Lebens, das unscheinbar wirkt, doch Stoff für ein Drama in sich trägt. Denn es häufen sich Erzählungen und Andeutungen von Wochenenderlebnissen oder über Menschen, die sie kennt und die Kontakt mit ihr pflegen, dass man es kaum glauben mag.

Sie ist ein Arche-Kind der ersten Stunde in Frankfurt. Seit der Eröffnung kommt sie täglich zu uns. Dass sie überhaupt in die Arche kam, verdanken wir wohl bloß der lautstarken Soundanlage bei der dortigen Eröffnungsfeier, durch die sie sich zu Hause auf ihrem Balkon gestört fühlte, sodass sie sich aus Langeweile auf den Weg machte, um nachzuforschen, was denn da los war. Langeweile ist der Hauptbeweggrund für fast jede ihrer Aktivitäten: Selbst der Besuch des Schulunterrichts und eben anfangs die Arche-Besuche waren motiviert durch hochgradige Langeweile.

Dabei machte sie zu Beginn auf uns einen sehr lebendigen und selbstbestimmten Eindruck. Vehement in den Auseinandersetzungen mit den

Mitarbeitern, beherrschend gegenüber den anderen Kindern, alles andere als lethargisch. Ein wildes Mädchen. Zwischen der Vielzahl an Kindern fiel sie vorrangig durch ihre unglaublich dominante Ausstrahlung auf. Sie zog Kinder und Mitarbeiter wie magisch in ihren Bann, konnte damit aber nicht sonderlich gut umgehen und beschwor somit vor allem zahlreiche Auseinandersetzungen mit anderen Kindern herauf. Provokation bis aufs Blut stand auf der Tagesordnung. Festnahmen oder Befragungen durch die Polizei juckten sie schon lange nicht mehr und auch in der Arche wurde der Machtkampf mit den Mitarbeitern offen ausgetragen. »Wenn ich wegen meines Namens eh ständig Ärger bekomme, dann wenigstens zu Recht«, war bald eine ihrer Aussagen.

Ihr Nachname war uns zwar bekannt, doch hatten wir nicht die leiseste Idee, was sich hinter diesem Namen im Stadtteil alles verbarg. Wir hatten lediglich dieses Mädchen kennengelernt. Mehr und mehr schien ihr zu dämmern, dass wir keine negativen, vorgeprägten Erwartungshaltungen an sie hatten. Unsere Fassungslosigkeit über manche ihrer Aussagen, unser täglicher Neubeginn mit ihr, jedes erklärende und klärende Gespräch, jeder Zuspruch an sie ließen sie aufhorchen. Zwei

Jahre grübelte sie, brodelten Gedanken in ihr, die sie nicht zuordnen konnte, bis sie sich sicher war, dass sie ihre Fragen bei uns stellen durfte: »Warum habt ihr mich noch lieb bei all dem Scheiß, den ich gemacht habe? Ich war so ätzend zu euch.«

Ein Meilenstein. Plötzlich kam ein ganz anderes Mädchen zum Vorschein. Ein weiblicher Teenager, den die grundlegenden Fragen an das Leben beschäftigten, ohne zu wissen, wer sie hätte beantworten können.

Reflexion fiel ihr schwer, Verhalten und Wirkung in Einklang zu bringen mit ihren Gedanken; Erwartungen und Unterstellungen, die ihr entgegengebracht wurden aufgrund ihrer äußeren Erscheinung, aber auch Ansprüche an sie aufgrund ihres Alters. Alles Dinge, die sie sich nicht selber herleiten konnte und offensichtlich nie erklärt bekommen hatte.

Die Beteuerung, dass wir es gut mit ihr meinten, wenn wir uns im Rahmen der Arche in ihr Leben einmischten, ließ zaghaftes Vertrauen wachsen. »Erwartungen und Träume an das Leben und die Menschen habe ich keine. Das habe ich mir abgewöhnt, man wird ja eh nur enttäuscht.«

Mittlerweile gewährt sie uns tiefere Einblicke in ihre Gedanken und Emotionen. Ein täglicher

Drahtseilakt, der auch immer wieder von unerwarteten Rückschlägen begleitet wird.

»Wir wollen den längeren Atem haben und ausdauernd sein, nicht zurückhaltend mit Geduld, Zuneigung, Zuvorkommenheit, Rücksichtnahme und vor allem Bedingungslosigkeit.« Ein Leitgedanke, den die Arche-Mitarbeiter als Grundlage für die Arbeit mit diesem Mädchen täglich neu unter Beweis stellen müssen. Im Zusammenhang mit den anderen Kindern der Arche ist das manchmal enorm herausfordernd, wenn man sie nicht gelöst von ihrem Umfeld betrachten kann. Der Stadtteil macht noch immer seinen Einfluss geltend, bei Tag und bei Nacht.

Heute denken wir gemeinsam über ihre Zukunft nach, machen Mut zu träumen und zu lernen, mit Enttäuschungen des Lebens umzugehen. Das vergangene Schuljahr hat sie gut abgeschlossen, auch wenn die Versetzung gefährdet schien. Wir haben im Frühjahr Ziele und Bedingungen formuliert, die ihren Ehrgeiz forderten. Täglich stellen wir uns der Aufgabe, uns von ihr beobachten zu lassen, denn sie scheint unglaublich stark »am Modell zu lernen« und eine ausgeprägte Begabung für vermeintlich unscheinbare Details zu haben. Die Langeweile weicht nur langsam eigenen Ideen. Auch die Einsicht, dass der Schulbesuch Möglichkeiten zur Weiterentwicklung bietet, stellt sich nur schleichend ein. Jedoch ermöglicht ihr die Bindung an die Mitarbeiter, Ideen zu Gedankenmodellen reifen zu lassen, bis sie zu tragfähigen, eigenständigen Überzeugungen herangewachsen sind. »So vieles an meiner Persönlichkeit geht mir auf die Nerven, aber es ist so schwer, es zu lassen.« Wir möchten Übungsfelder bieten, Reflexion und gegebenenfalls auch liebevolle Korrektur, ohne dabei Vertrauen zu zerstören oder gar zu missbrauchen. Denn das kennt sie ja bereits zur Genüge.

Da es ihr freisteht, das Angebot in der Arche anzunehmen oder auch nicht, können wir an ihrem trotz aller Schwierigkeiten täglichen Erscheinen den Willen ablesen, der sie treibt. Denn sie müsste sich nicht dem emotionalen Stress aussetzen, an ihrer Persönlichkeit zu feilen. Mit ihren Fähigkeiten und den in der Vergangenheit errungenen Positionen könnte sie im Stadtteil auch ohne uns überleben. Aber offensichtlich gibt es eine neue Kraft der Motivation.

Warum muss immer alles bewertet werden?

Die Arche muss sich als spendenfinanzierte Organisation neben der Arbeit mit Kindern auch anderen Herausforderungen stellen. Sie muss nachweisen können, wie nachhaltig ihre Arbeit ist. Transparenz und Qualitätskontrolle sind da erforderlich. Die Anforderungen an unsere Organisation sind verständlich und auch richtig. Der Spender möchte wissen, was mit seinem Geld, das er guten Glaubens in die Arche investiert, passiert. Doch wie lässt sich die eben beschriebene Beziehungsarbeit, die bei den Kindern eindeutig etwas bewirkt, nachweisen?

Das Herz eines Kindes zu öffnen, geschieht in der Gegenwart. Das Kind, dem man ein Lächeln in seine bis dahin versteinerte Miene zaubert, lächelt in dem Augenblick, in dem es die Begegnung mit einem liebenden Menschen erlebt. Hat eine solche Veränderung, die in keiner Werteskala festzuhalten ist, die nicht unmittelbar bessere Schulnoten zur Folge hat, etwas bewirkt?

Nachhaltigkeit spielt sich in der Zukunft ab. Natürlich kann man statistisch festhalten, wie viele Kinder mithilfe der Arche einen Schulabschluss geschafft oder einen Ausbildungsvertrag unterschrieben haben, und damit den Erfolg unserer Arbeit bemessen. Was hat es für einen Sinn, wenn Organisationen wie zum Beispiel die Phineo gAG, ein unabhängiges, gemeinnütziges Analyse- und Beratungshaus für wirkungsvolles gesellschaftliches Engagement, es sich zur Aufgabe gemacht haben, in regelmäßigen Abständen spendenfinanzierte Vereine und Stiftungen unter anderem auf die Nachhaltigkeit ihrer Arbeit zu überprüfen und dabei irgendwelche selbst erdachten Maßstäbe als Bemessungsgrundlage festlegen? Ein Ranking wird erstellt, der Öffentlichkeit in der Presse vorgestellt und so dem potenziellen Spender als Empfehlung ans Herz gelegt.

Für eine Organisation wie die Arche, für die Beziehungsarbeit mit Kindern eine wichtige und erfolgreiche Säule ist und die somit nicht so leicht zu bewerten oder einzuordnen ist, gerät die

Auseinandersetzung mit den Ergebnissen der selbst ernannten Prüfinstanzen mitunter zum Kampf. Es entsteht in der Öffentlichkeit ein Bild, das der Arbeit nur nahekommt, ohne sie wirklich treffend zu beschreiben – das aber eine beträchtliche Wirkung entfaltet. Trotzdem schenken wir diesem Umstand und somit den Bewertungen nicht allzu viel Beachtung und lassen uns nicht entmutigen. Letztendlich brauchen diese Vereine eine Daseinsberechtigung, müssen ihren Geldgebern Ergebnisse vorweisen und setzen Leitlinien, die wiederum selbst nicht überprüft oder gar infrage gestellt werden.

Warum muss immer alles bewertet werden? Es wird ein Gefüge geschaffen, in dem Kräfte gemessen werden und zwangsläufig ein Ungleichgewicht entsteht. Man bewertet etwas und macht sich so zu etwas Besserem, zu jemandem, der über den Dingen steht: Wir bewerten, setzen Maßstäbe und Erwartungen, nach denen sich andere zu richten haben. Bewertungen können der Orientierung dienen, mögen lieb und nett gemeint sein, sind aber in ihrer Entwicklung schon weit übers Ziel hinausgeschossen.

Längst unterliegen auch Menschen unserem Bewertungsdenken. Menschen, die am Rande unserer Gesellschaft und von staatlicher Unterstützung leben, sind dieser Bewertung besonders stark ausgesetzt. Wir sehen sie als Belastung, als Bedrohung, womöglich als Gefahr für den gesellschaftlichen Frieden – immer aus der Perspektive des Betrachters, des Bewerters, zu dem wir uns ernannt haben. Wir reden hier von Menschen und ganz besonders von Kindern, die in eine missliche Situation geraten sind – ob selbst verschuldet oder nicht, spielt keine Rolle. Nehmen wir sie noch als Menschen wahr oder behandeln wir sie längst als Objekt? Wir machen Hartz-IV-Empfänger, auffällige Kinder und alleinerziehende Mütter oder Väter zu Objekten unserer eigenen Bewertungen, Maßnahmen und Anweisungen.

Diese Bevölkerungsgruppe hat sich damit abgefunden, würdelos behandelt zu werden, im täglichen Zusammenleben, in der Schule, am Ausbildungsplatz oder bei der Arbeit. Dabei wissen wir alle, dass die Würde des Einzelnen gewahrt und geschützt werden sollte, denn nur so kann der soziale Frieden bewahrt werden. Ein würdeloses Leben kann leicht zu unkontrolliertem Handeln verleiten. Derjenige, der ein würdevolles Leben führen kann, gesteht auch anderen Menschen

Würde zu. Doch scheint unsere Gesellschaft diesbezüglich aus dem Gleichgewicht geraten zu sein. Wenn ein Kind als Objekt behandelt wird, wirkt sich dies äußerst negativ auf seine Entwicklung aus. Es kann seine Potenziale nur schwer oder sogar überhaupt nicht entfalten.

Eine traurige Entwicklung. Wir wollen nicht behaupten, dass es in früheren Jahren keine Menschen gab, die ihrer Würde beraubt wurden. Die Gesellschaft hat schon immer derartige Entwicklungen zugelassen und auch gesteuert. Also auch Ordnungssysteme und Formen, in denen der eine Mensch nützlicher als der andere war, der eine abhängig vom anderen, aber in einer Struktur, die die Menschen gelenkt hat. Alles gut und schön. Doch wir leben nun in einer Zeit, die wesentlich komplexer ist und in der alte, tradierte Gesellschaftsstrukturen nicht mehr funktionieren. Der Mensch braucht Halt und Orientierung, um in der Gesellschaft zu überleben. Doch wer gibt ihm diesen Halt? Er kann es aus eigener Kraft schaffen, wenn er stark ist und nicht als Objekt behandelt wird. Da sich aber eine nicht zu unterschätzende Bevölkerungsgruppe bereits damit abgefunden hat, Objekt zu sein, und auch so behandelt wird, wird sie die Kraft nicht aufbringen, ein selbstbestimmtes Leben zu führen.

Diesen Menschen und vor allem den Kindern muss geholfen werden. Wir müssen sie dabei unterstützen, ein Bewusstsein für ihre eigene Kraft und Würde zu entwickeln. Denn bisher sind sie fremdgesteuert und sich ihrer selbst nicht bewusst. Ein Kind muss nicht nur die Welt entdecken, sondern auch sich selbst. Es muss stark gemacht werden, um der Gesellschaft nützlich zu sein. So klein seine Rolle später sein mag, es wird seine Aufgabe, der Menschheit Frieden zu bringen, mit Freude erfüllen.

Hilfeschrei einer Mutter

Vor fast einem Vierteljahrhundert habe ich, Bernd Siggelkow, die Arche, das christliche Kinder- und Jugendwerk, in Berlin gegründet. Die ersten zehn Jahre nach Gründung des Vereins waren aus meiner Perspektive die schwersten Jahre, was die Finanzierung der laufenden Arbeit anging. Anfänglich war die Arche in der Öffentlichkeit noch nicht so bekannt, wie sie heute ist. Um Sponsoren zu finden, musste ich regelrecht Klinken putzen. Ganz egal, ob es private oder geschäftliche Unterstützer wurden, es war ein harter Kampf für mich. Vom ersten Tag an besuchten zahlreiche Kinder unsere Einrichtung in Berlin-Hellersdorf und manchmal wurden sie auch von ihren Eltern begleitet. Damals spielte sich das Zusammenkommen noch im Wohnzimmer meiner Familie ab, doch als sich die Räumlichkeiten als zu beengt herausstellten, wechselten wir in eine andere Unterkunft. Die Arbeit dort war eine Übergangslösung, zeitlich begrenzt, bis uns der Berliner Bezirk Marzahn-Hellersdorf im Jahre 2001 mietfrei ein Gebäude zur Verfügung stellte. Ein altes Schulgebäude aus DDR-Zeiten, das wir später auch kaufen konnten. Noch heute betiteln wir diesen Standort als unser »Mutterhaus«, die Zentrale, von der aus alle weiteren Arche-Einrichtungen gesteuert werden.

Während der Anfangszeit der Arche zählten auch zwei kleine Mädchen, Jessica und Britta, zu unseren Besuchern. Sie waren fünf und sechs Jahre alt. Schon nach kurzer Zeit nahmen sie die Mitarbeiter der Arche als vertrauensvolle Bezugspersonen wahr. Anhänglich, wie sie dann waren, besuchten sie mich fast jeden Tag in meinem Büro.

Eines Tages klopfte es um die Mittagszeit an meiner Tür. Jessica und Britta standen da, im Schlepptau eine vielleicht 25-jährige Frau. »Das ist die Mama!«, riefen sie beide fast gleichzeitig. Ich erhob mich aus meinem Bürosessel und begrüßte die drei »Damen«. Als ich sie zum Besprechungstisch führte, bemerkte ich, dass die Mutter mit mir reden wollte. Sie wirkte sehr ernst und nachdenklich. Auf ihrem eigentlich jungen Gesicht zeichneten sich schon die ersten Sorgenfalten ab. Spuren negativer Emotionen, die sie älter aussehen ließen, als sie war.

»Du, Bernd, ich darf doch Bernd zu dir sagen? Ich weiß einfach nicht mehr weiter, kannst du mir helfen?« Sie formulierte ihre Worte vorsichtig, fast ängstlich. Ihren Blick richtete sie dabei zum Boden. Die arbeitslose Mutter der beiden Mädchen wirkte sehr nervös. Auch machte sie einen ungepflegten Eindruck auf mich, ihr Pullover und die Hose befleckt, die Haare ungewaschen.

Die Töchter dagegen wirkten gepflegt und sauber, aber für die Jahreszeit unpassend gekleidet. Trotz der kalten und nassen Witterung trugen beide Mädchen nur Jeans und T-Shirts, ein im Bezirk Berlin-Hellersdorf überall zu sehender Kleidungsstil, geradezu eine Art Uniform. Dazu trugen sie Sandalen, die Socken fehlten. Für den Sommer ein passendes Outfit, aber wir befanden uns im Herbst, der sich zudem eher von seiner ungemütlichen Seite zeigte. Ich schenkte der Mutter ein Glas Tee ein und schickte die Mädchen aus dem Büro, raus zu ihren zahlreichen Freundinnen, die sie schon nach kurzer Zeit in der Arche gefunden hatten.

Die Mutter wurde etwas ruhiger, dennoch formulierte sie folgende Worte noch sehr zurückhaltend: »Du, Bernd, ich kann jetzt nichts sagen, bitte besuch mich einfach in meiner Wohnung, dann wirst du schon sehen.« Es war ihr wohl unangenehm, ihrem Problem von Angesicht zu Angesicht Ausdruck zu verleihen. Ich erkannte das und wollte sie auch nicht bedrängen. Wir wechselten schnell zu einem belanglosen Small Talk über, und schon einige Minuten später verließ die junge Frau, Katja, mein Büro und verschwand im trüben Herbstnebel. Ein weiteres Treffen machten wir für den nächsten Tag bei ihr vor Ort aus.

Am Tag darauf stand ich pünktlich um elf Uhr am Eingang des riesigen verwohnten Plattenbaus. Ich suchte das passende Schild auf der umfangreichen Namenspalette, fand es und klingelte, doch eine Reaktion blieb aus. Erst Minuten später bemerkte ich, dass die Tür nur angelehnt war. Langsam und nach der richtigen Wohnung suchend ging ich die Treppen des achtstöckigen Gebäudes hoch. Nicht an jeder Wohnungstür hing ein Namensschild. Ich konzentrierte mich daher auf die mit Namen beschilderten Wohnungen und fragte mich dabei, wie der Postbote sich in einem solchen Haus zurechtfindet. Endlich wurde ich fündig.

Im sechsten Stock klebte an einer Tür ein provisorisches Schild, wohl eher ein Aufkleber, mit dem Namen der Familie, der ich einen Besuch abstatten wollte. Das mit Kugelschreiber beschriftete Schild und die abgenutzte Eingangstür wirkten wenig einladend. Im Treppenhaus stank es und Schmutz war in allen Ecken zu sehen. Schon jetzt ahnte ich, was mich in der Wohnung erwarten würde. Ich klopfte heftig und laut an der Tür, denn auch hier funktionierte die Klingel nicht. Ich konnte jedenfalls keinen Laut hören. Nichts rührte sich. Ich klopfte noch heftiger und war schon etwas besorgt um die instabil wirkende Tür. Doch sie hielt stand. Endlich rührte sich etwas.

»Wer ist da?«, vernahm ich eine leise Stimme. »Die Wohnungsklingel funktioniert nicht.« Na, das hatte ich inzwischen auch schon bemerkt.

»Ich bin es, Bernd!«, rief ich und endlich öffnete sich die Tür. Ein bestialischer Gestank kam mir entgegen. Es roch wie auf einer Mülldeponie im Hochsommer. Vorsichtig betrat ich die Wohnung. Ich inspizierte die Dreiraumwohnung, konnte ein Kinderzimmer, ein Schlaf- und ein Wohnzimmer entdecken. Weiter sah ich eine fensterlose Küche und ein Bad, ebenfalls ohne Fenster. Nur zur Küche gab es eine kleine Luke ohne Glas. Ich war schockiert. Im Flur standen zwei Regale, vollgepresst mit Dingen, die wohl nicht mehr gebraucht wurden. Ich stolperte über einen Ball und konnte gerade noch an einem Kleiderhaken Halt finden. Katja entschuldigte sich mit einem knappen »Sorry«.

Gemeinsam gingen wir ins Wohnzimmer. Das Zimmer war spärlich möbliert: ein Schrank ohne Türen, ein Sessel, der vor dem Fernseher platziert war – mehr nicht. Ich vermisste einen Esstisch mit passenden Stühlen, an dem die kleine Familie ihre Mahlzeiten einnehmen konnte. Die Tapete wirkte schmutzig, an einigen Stellen war sie abgerissen.

Die gesamte Wohnung befand sich in einem verwahrlosten Zustand. Im Schlafzimmer stand, abgesehen von einem Doppelbett, nur ein großer Wandschrank, an dem die Türen fehlten.

Katja führte mich dann ins Kinderzimmer. Hier befand sich die Quelle des Gestanks, der sich in der gesamten Wohnung verbreitete: die Tapete, überzogen von einer rostbraunen, undefinierbaren Schicht. Zwei schmutzige Matratzen ohne Bettzeug lagen auf dem Boden und dienten den Kindern wohl als Bett. Die Kleidung der Kinder lag lose auf dem Boden herum, denn einen Schrank gab es nicht. Ich sah einen wackligen Schreibtisch und zwei ebenso instabile Stühle. Dieses Provisorium diente beiden Kindern als Arbeitsplatz, hier wurden die Hausaufgaben erledigt. Die Wände waren kahl, weder Bilder noch Poster schmückten den Raum. Ich befand mich im Kinderzimmer, konnte es aber nicht glauben. Das wohl verwahrloseste Zimmer in der ganzen Wohnung. Wie sollten sich Kinder hier wohlfühlen?

Ich hatte genug gesehen. Wie musste es nur in der Seele eines Menschen aussehen, der in solchen Zuständen zurechtkommen musste?

Die Wohnung der jungen Frau ließ sicherlich auf Erlebtes und auf ihre Probleme schließen, sie spiegelte sozusagen ihr bisheriges Leben wider. So zumindest damals meine Vermutung. Wenn ein Mitarbeiter des Jugendamtes einen Blick in diese Wohnung geworfen hätte, die Kinder wären sofort in einer staatlichen Einrichtung untergebracht worden.

Ich riskierte noch einen kurzen Blick in die Küche und ins Bad. Beide Räume waren unordentlich und dreckig. In der Küche stapelte sich das Geschirr. Eine Waschmaschine war nicht zu entdecken. Der Zustand der gesamten Wohnung war ein einziger Hilfeschrei. Wir mussten etwas tun – natürlich gemeinsam mit der Mutter.

Einige Tage später fand in meinem Büro ein Treffen mit der Mutter, unserer Familienhelferin und mir statt. Wir beschlossen, die Wohnung der Familie möglichst schnell zu renovieren, natürlich ohne die Mutter von den Maßnahmen auszuschließen. Die Familie brauchte neue Möbel, die wenigen aus der heruntergekommenen Wohnung waren nicht mehr zu gebrauchen. Das Zimmer der beiden Mädchen erhielt einen neuen Bodenbelag und die Wände wurden frisch tapeziert. Der Raum wurde mit zwei Betten, zwei Schreibtischen und Stühlen freundlich eingerichtet.

Für das Wohnzimmer kauften wir einen Tisch mit vier Stühlen. An einem Tisch bespricht man seine Sorgen und Probleme, isst gemeinsam und tauscht Erlebnisse aus, positive wie negative. Ein Tisch mit Stühlen gehört meiner Meinung nach daher zu den wichtigsten Möbelstücken einer Wohnung.

Die Arche konnte der Mutter auch eine gebrauchte Waschmaschine organisieren. Ein Spender steuerte eine fast nagelneue Kücheneinrichtung bei. Nach ungefähr zwei Wochen und unter Einsatz von viel Kraft beendeten wir die Renovierungsarbeiten. Während dieser Zeit und auch in den Wochen danach führten wir zahlreiche Gespräche mit der Mutter und auch ihren Kindern. Wir unterstützten Katja bei der Organisation ihres Haushalts, gaben Tipps und standen immer wieder mit Rat und Tat zur Verfügung. Die Mutter nahm die Hilfe sehr positiv an, wurde mit der Zeit immer fröhlicher und zeigte selbst sehr viel Einsatz. Gefreut habe ich mich vor allem über die beiden Kids. Sie stürmten kurz nach der Renovierung in mein Büro und riefen: »Du, Bernd, wir haben jetzt eigene Betten, nur für uns!«

Auch in den Wochen und Monaten danach besuchten meine Mitarbeiterin und ich regelmäßig die kleine Familie in ihrer jetzt gemütlichen Wohnung. Nach einem guten halben Jahr merkten wir, dass die Mutter ihr Leben im Griff hatte. Wir zogen uns zurück. Wochen später hörte ich, dass sie über die Arbeitsagentur auch einen Job gefunden hatte. Darüber haben wir uns natürlich besonders gefreut.

Beim letzten Sommerfest der Arche in Berlin-Hellersdorf, also über zehn Jahre später, wurde ich überrascht. Ich konnte es kaum glauben. Unter den weit über vierhundert Gästen entdeckte ich Katja mit ihren beiden schon fast erwachsenen Mädchen. Sie wirkten glücklich und entspannt, sahen gut aus. Die ältere Tochter hatte gerade ihr Abitur bestanden und die jüngere machte eine Ausbildung als Bürokauffrau. Katja stellte mir auch ihren Mann vor, mit dem sie nun schon seit drei Jahren verheiratet war. Beide hatten Arbeit, wirkten zufrieden und ausgeglichen. Ohne Hilfe von außen und ohne Beziehung zu Menschen außerhalb ihres Umfelds wäre diese kleine Familie gescheitert. Aus eigener Kraft eine Veränderung der Lebenssituation herbeizuführen, war damals unmöglich. Heute führen sie ein selbstbestimmtes Leben.

Die Geschichte zeigt doch, wie wichtig Sozialarbeit in unserem Land ist und dass es Sinn hat, in Sozialarbeit zu investieren, sowohl Zeit als auch Geld. Es ist sogar ein wichtiges Investment in unser Gesellschaftssystem.

Wir dürfen die Gesellschaft nicht weiter spalten, sondern müssen sie wieder in Einklang bringen

Fangen wir mit den Kindern an – und welcher Ort wäre da besser geeignet als die Schule? Können wir das Wohl unserer Kinder überhaupt in die Verantwortung der Schulen legen? Ja, müssen wir wohl, denn in den Familien vieler Kinder ist in Sachen Bildung und Wertevermittlung nicht viel zu erwarten. Und hier sprechen wir nicht nur von den Arche-Familien. Die Schule prägt jedes Kind, denn es verbringt dort viele Stunden am Tag. Frühkindliche Erziehung spielt natürlich eine große Rolle und liegt somit in der Verantwortung von Kitas und ähnlichen Einrichtungen.

Ein wesentlicher Faktor, der in der kindlichen Entwicklung eine große Rolle spielt, nämlich die Familie, ist mehr oder weniger weggebrochen oder zumindest stark geschwächt. Natürlich gibt es auch noch »normal« funktionierende Familien, doch reden wir hier von anderen Strukturen. Die Familie fängt nicht mehr das ab, was früher zu der Einsicht führte und – wie bereits beschrieben – heute noch viele Pädagogen prägt: dass Kita und Schule nur familienergänzend tätig sein können.

Die Schule nimmt somit auch Kinder auf, die einen wesentlich schlechteren Start ins Leben hatten als die Kinder aus normal funktionierenden Familien. Stellen wir uns folgendes Bild vor: Ein Professorenkind sitzt in der ersten Klasse neben einem Kind aus einer bildungsfernen Familie. Sie sollen den Stoff verarbeiten, den die Schule vorgibt, obwohl beide Kinder vollkommen verschiedene Voraussetzungen haben. Das ist weder für das Professorenkind von Vorteil noch für das Kind aus der bildungsfernen Familie. Auch für die Lehrerin oder für den Lehrer ist eine solche Situation schwierig. Und dann sind da ja auch noch die anderen Kinder in dieser Klasse, jedes

Kind auf einem anderen Bildungsniveau. Und alle müssen sich in das schon uralte Korsett der Schule zwängen und gute Miene zum bösen Spiel machen.

Man sollte doch meinen, dass sich das Schulsystem dieser Entwicklung in der Gesellschaft angleicht, sie wahrnimmt und entsprechend reagiert. Hätte die Schule das einzelne Kind im Blick, wäre sie sich bewusst, dass so viele Kinder bis zum Schuleintritt bereits Teil eines würdelosen Lebens sind, hätte eine Umstellung des Systems zwangsläufig erfolgen müssen. Eine Anpassung an die Lebenssituationen der Kinder wäre der richtige Weg, aber es ist immer noch so, dass sich das Kind an das Schulsystem anpassen muss. Vereinfacht gesagt, lernen Kinder noch heute an unseren Schulen das Gleiche wie die Generation ihrer Großeltern.

Kita in der Kritik

Es gibt in Deutschland viel zu wenige Kitaplätze. Reden wir von Kita, der Kurzform für den Begriff Kindertagesstätte, meinen wir entweder eine Kinderkrippe, einen Kindergarten oder einen Kinderhort. Von Bundesland zu Bundesland wird der Begriff anders eingesetzt. Auch hier existiert ähnlich wie im Schulwesen keine bundesweit einheitliche Regelung. In Ostdeutschland gibt es hauptsächlich Kindertagesstätten, im Westen des Landes sprechen wir häufiger von Kindergärten mit einer Teilzeitbetreuung. Fakt ist, dass in unserem Land allein knapp 300 000 Krippenplätze fehlen. Plätze für Kleinkinder bis zu einem Alter von drei Jahren. Wie kann so etwas sein? Unser Land ist einfach nicht bereit, in seine Kinder zu investieren. Bis 2020 wollen die Kommunen und Länder bis zu 100 000 Kitaplätze neu schaffen, aber dann werden immer noch 200 000 Kinder ohne Betreuung sein.

Für viele Kinder haben diese kommunalen Defizite eine katastrophale Folge. In Berlin gibt es zwar eine 18-monatige Kitapflicht für Kinder mit fehlenden Deutschkenntnissen, doch wird sie oftmals nicht erfüllt. Eltern lassen ihre Kinder trotzdem zu Hause, und Bußgelder müssen sie bei Missachtung dieser Regel nicht fürchten. In Berlin fehlen schlicht die Plätze.

Was bedeutet das für die Kinder?

Sprache sei der Schlüssel zur Bildung und damit für Chancengleichheit und Teilhabe, so die Senatsverwaltung für Bildung bei der Einführung dieser Sonderregelung. Frühkindliche Lernprozesse könnten sonst einfach nicht stattfinden. Für diese Kinder gibt es aber keine Sprachförderung, kein Basteln, Singen, Schwimmen, Malen. Lerntagebücher, die über die Entwicklung des Kindes Aufschluss geben, werden auch nicht geführt. Und unsere Gesellschaft wundert sich, wenn die betreffenden Kinder in der Schule keinen Anschluss finden und dort später versagen.

Ein Großteil der Kinder, die keinen Kitaplatz erhalten haben, lebt in Familien, die sich intensiv um ihre Kinder kümmern und viel Zeit in deren Entwicklung investieren. Doch in bildungsfernen, sozial schwachen Elternhäusern fehlt das Bewusstsein der Mütter oder Väter für das Chancendefizit ihrer Kinder. Sie merken es schlicht und einfach nicht, dass ihre Kinder etwas verpassen.

Es gibt viele Eltern, die sich bereits direkt nach der Geburt ihres Kindes um einen Platz in der Kita kümmern, so wird es auch je nach Region von den Behörden empfohlen. Andere Eltern wiederum sind entspannter und lassen sich bei der Suche nach Betreuungsplätzen etwas mehr Zeit. Im Alter zwischen drei und sechs Jahren besuchen schließlich 94 Prozent der Jungen und Mädchen in Deutschland eine Kita.

Nun gibt es eine Studie des DIW, des Deutschen Instituts für Wirtschaftsforschung, die behauptet, dass es Kindern aus benachteiligten Elternhäusern nichts nützt, wenn sie Kitas besuchen müssen. »Unsere Untersuchungen sprechen nicht dafür, dass eine Kita-Pflicht geeignet wäre, gezielt sozioökonomisch benachteiligte Kinder zu fördern«, so die Studienautorin. Und weiter sagt sie: »Denn die Gruppe der Nicht-Kita-Kinder ist sehr heterogen.«

Um benachteiligte Kinder gezielt zu fördern, sei es sinnvoller, beispielsweise Kinder mit Sprachschwierigkeiten verpflichtend an einer Sprachförderung teilnehmen zu lassen – wie es mancherorts bereits der Fall ist. Natürlich ist das insoweit richtig, wenn sich die Defizite der Kinder rein auf das Sprachliche beziehen. In Zusammenarbeit mit den Eltern kann man in solchen Fällen individuelle Erfolge erzielen.

Aber Kinder aus bildungsfernen und sozial schwachen Familien haben oft nicht nur sprachliche Mängel. Man denke da beispielsweise an die Selbstständigkeit beim Verrichten alltäglicher Aufgaben und an das Konfliktverhalten; hier fehlt es an allen Ecken und Kanten. Fast 60 Prozent der Nicht-Kita-Kinder kommen aus Zuwandererfamilien. Diese Kinder erlernen die deutsche Sprache kaum oder nur sehr schlecht, bevor sie die Schule besuchen. Zu Hause werden sie mit ausländischen Fernsehsendern unterhalten, deutsche TV-Programme werden zum Erwerb der Sprache nicht unterstützend eingesetzt. Der Schule bleibt es überlassen, dann meistens zu spät, diese Kinder mit der deutschen Sprache zu konfrontieren. Doch solche Sprachdefizite gibt es bekanntlich auch bei Kindern ohne Migrationshintergrund.

Die beiden Gruppen der Kinder, also die, die über einen Kitaplatz verfügen, und die, die zu Hause betreut werden, unterscheiden sich in einem weiteren Merkmal: Die Mütter der Kita-Kinder sind berufstätig, und rund 70 Prozent der Mütter, die ihre Kinder nicht in die Kita schicken, sind nicht erwerbstätig. Darunter sind natürlich auch zahlreiche Mütter und Väter, die von Transferleistungen leben wollen oder müssen.

Die Hälfte der Kinder, die keine Kita besuchen, treibt aktiv Sport, und jedes fünfte Kind wird in einer Musikschule unterrichtet. Hier versucht man, den fehlenden Kitaplatz und die damit verpasste Bildung durch andere Aktivitäten auszugleichen. So weit gut, aber genauso treiben 50 Prozent dieser Kinder keinen Sport und 80 Prozent der Kinder profitieren nicht von den Vorzügen einer Musikschule. Sie kennen nichts anderes als ihr Elternhaus. Und wenn dieses Elternhaus schwere Defizite im Bereich der Bildung aufweist und auch sonst von zahlreichen Problemen betroffen ist, werden diese von den Kindern sozusagen mit der Muttermilch aufgenommen. Es schließt sich der bereits viel beschriebene Kreis, aus dem nur schwer auszubrechen ist. Die Gesellschaft muss hier eingreifen. Wir müssen uns am eigenen Schopf aus dem Sumpf der Bildungsferne ziehen, um als Gesellschaft zu überleben. Jedes Kind, das wir auf diesem Weg verlieren, ist eines zu viel.

Natürlich ist nicht allein der Besuch einer Kita der Schlüssel für ein späteres erfolgreiches Leben. Hier entscheidet über die individuelle Förderung eines Kindes auch der Personal- oder Betreuungsschlüssel, also mit wie vielen Kindern sich der Nachwuchs rein rechnerisch den Erzieher teilt. Und oft sind Kitas aus Kostengründen personell unterbesetzt. Häufig ist in der Praxis ein Mitarbeiter oder eine Mitarbeiterin für zehn Kinder oder mehr zuständig. Manche Kinder, gerade die, die aus schwierigen Familienverhältnissen stammen, benötigen aber eine intensivere Betreuung. So müssen sich die Kinder auf die Kita einstellen, später dann auf die Schule. Leider funktioniert es nicht im umgekehrten Sinne: Kita und Schule sollten sich auf das Kind einstellen.

Wir als Arche kämpfen für eine Kitapflicht ab dem zweiten oder dritten Lebensjahr, denn die Kinder, die eben nicht in eine solche Einrichtung gehen, kommen in der Schule nur schwer zurecht, verpassen meist den Anschluss. Doch darf sich eine Kita in unseren Augen nicht als

Aufbewahrungsstätte für Kinder berufstätiger Eltern entwickeln. In der Kita, ob Kinderkrippe oder Kindergarten, muss eine individuelle Förderung jedes einzelnen Kindes gewährleistet sein. Leider müssen sich Betreuungseinrichtungen und Schulen heute überwiegend um das kümmern, was Eltern nicht wissentlich oder manchmal auch wissentlich in der frühkindlichen Erziehung ihrer Kinder versäumen. Fachleute sind sich einig und werfen den Krippen und Kindergärten mangelnde Qualität vor. Es gelingt den Verantwortlichen kaum, benachteiligten Kindern zu helfen.

Die Kindertagesbetreuung in Deutschland ist in ihrer Beschaffenheit nur mittelmäßig, wenn überhaupt. In einer Studie des Berliner Pädagogen Wolfgang Tietze aus dem Sommer 2013 wurden nur 3 Prozent aller Krippen in Deutschland für gut befunden, 85 Prozent für mittelmäßig und 12 Prozent sogar für schlecht. Mag sein, dass sich seitdem etwas minimal zum Besseren geändert hat, aber sicherlich nicht genug. Doch das hält uns nicht davon ab, unsere Kinder weiterhin dort hinzuschicken.

Fragt man in den Kitas nach, werden die Förderangebote oder die individuelle Unterstützung vor allem von gut gebildeten

Mittelschichtfamilien wahrgenommen, nicht aber von sozial benachteiligten Familien beziehungsweise Familien mit geringen Bildungsressourcen. Ebenso verhält es sich mit Familien mit Migrationshintergrund. Sie nehmen die Angebote ebenfalls selten in Anspruch.

Wir machen als Arche die Erfahrung, dass sich Familienmerkmale, egal ob positiv oder negativ, stark auf die Entwicklung eines Kindes auswirken, manchmal stärker als außerfamiliäre Betreuung. Die Familie wirkt wie eine Schablone auf das Kind. Sie gibt die Konturen für das spätere Leben vor. Daraus auszubrechen, ist schwer.

Doch wie erreichen wir die Kinder aus den bildungsfernen Familien? Wenn der Besuch einer Kita nicht zur Pflicht werden soll, dann könnten doch Mitarbeiter der deutschen Kommunen mit etwas gutem Willen anlässlich der Geburt eines Kindes den betreffenden Familien einen Besuch abstatten. Jede Familie könnte so in Augenschein genommen und die Bedürfnisse der Kinder ermittelt werden. In einigen niederländischen Gemeinden funktioniert das so im Bereich der Altenpflege. Auf diesem Weg wird entschieden, wie die Betreuung von älteren Menschen aussehen muss. Das Aufsuchen von Familien nach der Geburt eines Kindes ist keine neue Idee, in einigen deutschen Kommunen wird es schon seit vielen Jahren mit Erfolg praktiziert. Unsere Kinder sollten es uns wert sein.

Der Beruf des Erziehers ist kein Kinderspiel. Oftmals wird er unterschätzt und eben doch als Kinderspiel, im wahrsten Sinne des Wortes, abgetan. Wie überlastet und überfordert einige Fachkräfte tatsächlich sind, wird weder von Eltern noch von Politikern gesehen, zumindest wird nicht entsprechend darauf reagiert. Es ist sehr schwer, auf die vielen unterschiedlichen Bedürfnisse der Kinder einzugehen, gerade auf die derjenigen Kinder, die mit Entwicklungsschwierigkeiten zu kämpfen haben. Wir sind ein reiches Land, reden seit Jahrzehnten über fehlende Kitaplätze, schaffen aber keine Verbesserung und keine zusätzlichen Einrichtungen für Kleinkinder. Die Kinder in Deutschland sind Opfer einer verfehlten Sozialpolitik.

Asifa – jedes Kind ist einzigartig

Asifa – ihr Name bedeutet »Sturm«, und wenn sie zur Tür hereinwirbelt, kann man den Eltern zur passenden Namenswahl nur gratulieren. Ständig ist sie in Bewegung, still sitzen ist eine Herausforderung, da fällt schon mal ein Stuhl oder ein Stift oder das ganze Kind.

Und auch ihr Mund steht niemals still. Meist sind es Warum-Fragen, die sie herausplappert. »Warum ist es so kalt? Warum hast du kurze Haare? Warum brauche ich eine Brille? Warum fasst ihr Hunde an?« Eine große, andersartige, aufregende Welt gibt es in ihrer neuen Heimat zu entdecken. Manchmal haben ihre Fragen aber auch einen ernsteren Hintergrund: »Warum nimmt mich der Lehrer nicht dran? Warum lachen mich die Kinder aus?«, und immer wieder: »Warum verstehe ich das nicht? Warum bin ich so dumm?« Da hilft es nur wenig, ihr zu erklären, dass jedes Kind anders lernt, das eine schneller, das andere langsamer, und dass das nichts mit »Dummheit« zu tun hat. »Ja«, stimmt sie zu: »Und warum bin ich nun so dumm?«

Asifa ist neugierig und ehrgeizig, aber das Verstehen fällt ihr nicht leicht. Geduldig hört sie auch der dritten Erklärung der Funktion des Herzens oder des Prinzips der Bruchrechnung zu, nickt lächelnd und sagt: »Aber ich hab nichts verstanden.«

Doch irgendwann zeigt sich eine wundersame Fähigkeit. Obwohl sie die Erklärung nicht wirklich verstanden hat, kann sie diese mit Höchstgeschwindigkeit herausrattern. Asifa ist mit einem hervorragenden Gedächtnis gesegnet. Es erfordert ein paar Anstrengungen, aber was sie sich einmal eingeprägt hat, lässt sich mit dem passenden Stichwort beliebig oft fehlerfrei abrufen. Also streichen wir die mühsamen Erklärrunden und entwickeln zusammen Mindmaps, anhand derer sie sich ein Thema am besten merken kann. Und dabei ist sie durchaus einfallsreich. Mal ein Merkkästchen, mal ein Bild, sie lernt schnell, was für sie am besten funktioniert.

Auf einmal stellen die Malfolgen nicht mehr ein Buch mit sieben Siegeln dar und die einzelnen Teile des Auges oder so manches andere verborgene Teil unseres Körpers lassen sich kurz und knapp, aber richtig erklären. Die ersten Erfolge lassen nicht lange auf sich warten. Statt der schandebeladenen Fünf oder gar Sechs stellt sich bald eine Drei, eine Zwei und dann, ungläubig bestaunt, die erste Eins ein. Sie erlebt, das erste Mal vor der ganzen Klasse gelobt zu werden. Schließlich stellt sie sich ihrer ultimativen Herausforderung. In der Schule gibt es einen Vortragswettbewerb und Asifa will teilnehmen. Sie will nicht einfach nur dabei sein, sondern erfolgreich teilnehmen.

Unsere Arche-Nachhilfelehrerin in Berlin gibt ihr zu bedenken, dass sie sich für dieses Vorhaben nicht nur viel Material heraussuchen und zusammenstellen, sondern auch auswendig lernen muss, geht es doch um einen Vortrag in freier Rede. Doch ihr Ehrgeiz ist entfacht und dank der unerschöpflichen Wissenstöpfe von Wikipedia kann sie vier Seiten Material über Pinguine zusammentragen. Jetzt beginnt für sie die eigentliche Arbeit, Wort für Wort auswendig zu lernen und mit Betonung und freundlichem Lächeln vorzutragen. Den körperlichen Einsatz, wie angedeutetes

Pinguinwatscheln und Vogelkopfnicken, liefert sie gratis dazu. Schließlich naht der entscheidende Tag. Asifas Nerven flattern. »Was meinst du, bin ich gut? Ich bin bestimmt schlecht, die anderen sind so gut, und ich vergesse immer, wie man Ant…ar… Antarktis ausspricht …«

Zwei Tage später saust sie zur Tür herein und bleibt dann stocksteif stehen, sagt nichts, aber ihre Augen funkeln. »Was denkst du, was hab ich gemacht?« Ehe ich vorsichtig eine Vermutung äußern kann, ist es mit ihrer Geduld auch schon vorbei. Sie tanzt ihre Freude vor: »Der vierte, der vierte Platz, ich bin gut, ich bin gut!«

Ein großer Schritt für Asifa, Erfolg durch Beharrlichkeit und Anstrengung zu erleben. Die Erfahrung, ihren eigenen Fähigkeiten zu vertrauen, wird ihr helfen, ein selbstbestimmtes, erfolgreiches Leben zu führen, so hoffe ich.

Wege des Lernens

Daniela Krämer arbeitet seit mehr als zwanzig Jahren als Nachhilfelehrerin in der Arche in Berlin-Hellersdorf.

Unbestritten liegt im Bildungsbereich in diesem Land vieles im Argen. Bei internationalen Leistungsvergleichen der Schüler freut man sich von offizieller Seite bereits, wenn Deutschland irgendwo im Mittelfeld erscheint. Eine Umfrage der Industrie- und Handelskammer ergab 2016, dass 41 Prozent der Unternehmen gravierende Ausbildungshemmnisse bei den Schulabgängern feststellten, Mängel, denen 88 Prozent der betroffenen Unternehmen mit eigenen Nachhilfeangeboten für Lernschwache zu Leibe gehen. Ausbildungshemmnisse sind aber zunehmend auch Mängel bei Soft Skills wie Disziplin,

Belastbarkeit und Umgangsformen. Sicherlich liegt nur ein Teil der Ursachen dafür im schulischen Bereich. Meine Erfahrungen hierzu sind sozusagen aus zweiter Hand, aber trotzdem täglich frisch durch die Berichte derjenigen, die sie zu erleben haben, der Schulkinder, die jeden Tag in der Arche Berlin-Hellersdorf in den Nachhilfe- und Hausaufgabenbereich kommen.

Kind zu sein ist kein Halbtagsjob. Nach fünf oder sechs Stunden Unterricht kommen die Kinder in die Arche, essen zu Mittag, können vielleicht eine Stunde Monopoly spielen oder auf dem Hof toben. Dann warten bis zu drei Stunden Hausaufgaben auf sie. Bei den etwas Älteren reicht die Zeit nicht einmal für eine längere Erholungspause. Nun ist das Festigen von Kenntnissen durch Wiederholung sicher ein wichtiger Teil des Lernprozesses. Nur müssen zu diesem Zweck die Kenntnisse erst einmal in den kleinen Köpfen ankommen. Acht Päckchen Divisionsaufgaben, deren Lösung ein vertracktes Rätsel ist, bringen nicht mehr Wissen, sondern Frustration und Demotivation.

Aus irgendeinem Grund hat sich die Vorstellung verfestigt, Kinder würden es als Freude und Belohnung ansehen, anhand ihrer gefundenen Lösungen Malen-nach-Zahlen-Blätter bunt auszumalen, während draußen die Sonne scheint und der Fußball wartet. Ein weiteres Beispiel der Ressourcenverschwendung ist das epidemische Anfertigen von Plakaten. Dabei werden je nach Fach Sänger, Haustiere oder Länder bei Wikipedia oder kürzer gefassten Seiten am Computer aufgesucht und irgendein Stück Text ausgedruckt. Die meiste Zeit kostet noch die Auswahl der süßen Katzen-, Pferde- oder Boygroup-Fotos. Alles schnell ausschneiden, aufkleben, fertig. Die weniger Glücklichen werden dazu verdonnert, ihren Text vor der Klasse vorzulesen, sicher nicht einfach, wenn man ihn dann zum ersten Mal liest. Kenntnisgewinn nahe null. Die digitale Revolution scheint sich für unsere Kinder in diesem Bereich auf das Kopieren von Internetartikeln zu beschränken.

Natürlich ist es praktisch unmöglich, 24 Kinder mit verschiedenster Aufnahmefähigkeit in 45 Minuten auf den gleichen Kenntnisstand zu bringen. Gerade darum wäre es zielführender, statt gleicher Hausaufgaben für alle alternativ eine Nachfragerunde anzubieten, in der Unklarheiten ohne Stigmatisierung aufgeklärt werden könnten. Wenn Kinder mir erzählen, dass sie dieses und jenes nicht verstanden haben, und ich sie frage, warum sie ihre Lehrer nicht darauf angesprochen haben, erzählen sie mir oft, dass sie das wohl getan hätten. Aber so am Lehrertisch zwischen Tür und Angel zur nächsten Stunde ist die übliche Antwort oft: »Dann musst du besser aufpassen« oder: »Schau im Internet nach.«

Der Zusammenhang zwischen schulischem Wissen und realem Leben erschließt sich oftmals nur mit Anstrengung. So kann ich nicht selten auf die Frage: »Brauch ich das später mal?« nur ehrlich antworten: »Wahrscheinlich nicht.«

Der Lehrplan verzettelt sich oft in Details, die für den Fachmann durchaus wichtig und spannend sein mögen und unerlässlich sind für denjenigen, der sich im jeweiligen Fachgebiet akademisch weiterbilden will. Doch nur die wenigsten Schüler werden Ökologie oder Biochemie studieren. Die einzelnen Vegetationszonen der Tropen oder die Namen der Ohrknöchelchen auswendig zu können, bringt sicher einen Vorteil beim Spielen der Quizduell-App. Wichtiger wäre aber, Denken zu lehren, zu üben, wie man Zusammenhänge erkennt und Schlussfolgerungen zieht. Zu oft geht es bei der Erledigung der Hausaufgaben nur darum, den Lehrer zufriedenzustellen.

Bei einem Zweitklässler ist es sicher noch verständlich, wenn er auf kritische Hinweise zur Aufgabenstellung auf: »Frau XY hat das aber so gesagt!« beharrt. Wenn jedoch eine 14-Jährige bei einer Erörterung, bei der es ja gerade um die Gegenüberstellung von Für und Wider geht, als größtes Problem ansieht, herauszufinden, welche denn die »richtige« Meinung wäre, ist etwas falsch gelaufen.

Nachdem ein Lehrer seine ideologisch einseitige Meinung als Lehrstoff ausgegeben hatte, fragte ihn der 13-jährige Dan etwas drastisch: »Haben Sie ein Gehirn?« Verwirrt bejahte der Pädagoge. Dan darauf: »Und warum benutzen Sie es nicht?« Diese Provokation brachte ihm einen Termin im Direktorat ein, wo er eine Entschuldigung schreiben sollte. Als er dies verweigerte, verlief die Strafaktion im Sande. Offensichtlich war man mit Teenagern mit kontroverser Meinung überfordert.

Viele Aufgaben, deren Lösung von Kindern erwartet wird, basieren anscheinend auf Voraussetzungen, die längst nicht mehr bestehen. Grundwissen und Hilfe, die die Schule seitens des Elternhauses als selbstverständlich erachtet, gibt es in vielen Fällen einfach nicht. Wenn die Druckerpatronen leer sind oder kein

Internetzugang verfügbar ist, wird es schwierig, gewünschte Arbeitsblätter auszudrucken.

Aber auch weniger materielle Grundlagen fehlen oft. Erstklässlern die Anlage eines Herbariums mit Blättern von zehn verschiedenen Bäumen abzuverlangen, fordert eindeutig Mitarbeit der Eltern ein. Nun könnte diese Aufgabe für die Kleinen lehrreich sein, wenn sie sich mit ihren Eltern auf Entdeckungstour begeben könnten. Eltern, in deren Kenntnisuniversum es nur Kastanien und ansonsten »Bäume« gibt, sind da wenig hilfreich, aber nicht selten.

Kinder aus bildungsprekären Familien werden hier einfach zurückgelassen. Die Standardfamilie mit bildungsbürgerlichem Hintergrund gibt es sicherlich noch, aber sie ist eher eine lokale Ausnahme. In Berlin-Mahlsdorf, einem Stadtteil, der fast ausschließlich aus Einfamilienhäusern besteht, ist der Anteil von Schülern mit unzureichenden Kenntnissen in Deutsch bei 0,9 Prozent. In Berlin-Marzahn, einem Gebiet mit Sozialwohnungen und wachsendem Migrantenanteil in der Bevölkerung, sind es 17 Prozent.

Nach meiner Erfahrung kann praktisch jedes Kind alles lernen, was im Lehrplan der Grund- und

Gesamtschulen gefordert wird. Oft kommt es darauf an, Blockaden des »Ich kann das nicht«-Komplexes zu lösen, Interesse zu wecken und auch ungewöhnliche Wege zu gehen. Noch nach Jahren konnten mir Kinder die drei Punischen Kriege erklären, nachdem wir diese als Feldherren nachgespielt hatten, oder das Vorgehen einer Kreuzspinne beim Netzbau aufzeichnen, nachdem wir uns den Aufbau des Netzes anhand eines Originals am Fenster eingeprägt hatten.

Wir müssen unseren Kindern dabei helfen, in der Welt des Wissens zu Hause zu sein. Weniger sollte es auf die Vermittlung von Fakten ankommen, als vielmehr darauf, die Liebe zum Erkennen der Welt zu wecken. Wenn es gelingt, das Lernen in den Schulen so umzugestalten, dass weniger Wert auf Konsumieren und Reproduzieren gelegt wird, dafür aber Verstehen und Gestalten im Mittelpunkt stehen, bräuchten wir uns um die Zukunft dieser und künftiger Generationen in diesem Land weniger Sorgen zu machen.

Weniger Kinder, mehr Lehrkräfte

Die Arche kämpft seit fast einem Vierteljahrhundert gegen die Kinderarmut und ebenso lange gegen unser veraltetes und kränkelndes Schulsystem. Was will eigentlich eine solche Schule? Will sie Gewinner produzieren? Jugendliche, die später mit einer tollen Schulausbildung ein selbstbestimmtes Leben führen können? Oder will sie einigen Kindern zeigen, dass sie in der Schule genauso scheitern werden wie ihre Eltern? Wir können diese Frage bis heute nicht beantworten. So verlassen in Deutschland jedes Jahr rund 50 000 Kinder ohne Abschluss die Schule, finden zumeist keinen Ausbildungsplatz und sind die Verlierer von morgen.

Wie erwähnt, müsste sich die Schule eigentlich, wie zum Beispiel in den skandinavischen

Ländern, auf die Kinder einstellen. Jedes Kind ist einzigartig und jedes Kind sollte das Recht auf eine gute Schulausbildung haben. Das ist heute leider nicht der Fall. Wir stellen uns vor, dass eine Grundschulklasse im Idealfall von nicht mehr als 20 Kindern besucht wird. Um diese 20 Kinder gut zu unterrichten und ihren Bedürfnissen entsprechend zu fördern, kämen in dieser Klasse nach unseren Vorstellungen zwei Lehrkräfte und ein Erzieher oder eine Erzieherin zum Einsatz. Gerade an den sogenannten Brennpunktschulen ist das notwendig und würde sich mit Sicherheit auf die Erfolge der Kinder und auf die Zufriedenheit des Lehrerkollegiums auswirken. Aber die Verantwortlichen in den Kultusministerien, die in unserem Land so zahlreich vertreten sind, scheinen sich mit dieser Thematik weniger zu befassen. Selten hört oder liest man von innovativen Verbesserungsvorschlägen, die in diesen Ministerien entwickelt wurden. Wahrscheinlich schickt auch niemand aus dem ministerialen Personenkreis seine Kinder auf eine staatliche Schule.

Das Bildungsbürgertum, gebildet und kulturinteressiert, hat nicht erst seit Kurzem die Schulen in privater Trägerschaft entdeckt.

Schulen zum Beispiel von privaten oder kirchlichen Organisationen, Vereinen, Gesellschaften oder Privatpersonen, die kleine Klassengrößen aufweisen und von nur wenigen Kindern mit Migrationshintergrund oder Fluchterfahrung besucht werden. Das Leistungsniveau ist somit hoch, kann stabil gehalten werden, da kaum problembehaftete Kinder vorhanden sind. Hier hat sich ein Teil der Gesellschaft einen Weg gesucht fernab vom übrigen Teil, hat sozusagen den Rest abgehängt. Das ist traurig, aber wahr. Die Schulen in öffentlicher Trägerschaft dagegen, die staatlichen Schulen, werden mit Hartz-IV-Kindern bestückt und zusätzlich mit Migranten- und Flüchtlingskindern. Längst hat sich eine Zweiklassengesellschaft gebildet, eine gesunde Mischung von unterschiedlichen Kindern in einer Schule kommt nicht mehr zustande.

Es muss uns nicht wundern, dass viele Schulen einen »Ausländeranteil« von deutlich mehr als 50 Prozent aufweisen, besonders in den großen Städten Deutschlands. In solch einer Schule scheitern fast alle Kinder. Damit die Schule sich als Institution halten und eine gute Abschlussquote bei ihren Schulabgängern vorweisen kann, werden die längst gescheiterten Kinder dem

Leistungsniveau der Klasse angepasst, besser benotet, als sie eigentlich sind. Sie können die Schule verlassen und sind nun auf sich selbst gestellt. Die Schule entlässt einen jungen Menschen, der nur ungenügend auf das Leben vorbereitet wurde; eigentlich hat er das Ziel nicht erreicht, aber wen interessiert es? Egal, Hauptsache, die Quote der Abgänger stimmt.

Antonia – ein Wunderwerk von Meisterhand

Als ich neulich in meiner Freizeit auf den dreijährigen Jungen einer befreundeten Familie aufpasste, konnte ich schmunzelnd feststellen, wie Kinder schon früh dem Vorbild ihrer Eltern nacheifern. Nachdem sein Vater sich mit den Worten »Ich muss jetzt zur Arbeit ins Büro; bis heute Abend« von seinem Sohn verabschiedet hatte, kam der Kleine zu mir und zeigte mir seinen neuen Rucksack. Ich sollte ihm helfen, ihn anzulegen. Daraufhin sagte er zu mir »So, ich gehe jetzt zur Arbeit« und stapfte die Treppe rauf. Als ich einige Augenblicke später leise hinterherging, um nach ihm zu schauen, entdeckte ich ihn auf dem viel zu großen Schreibtischstuhl im Arbeitszimmer seiner

Eltern. Eifrig tippte er mit der einen Hand auf der Computertastatur herum, mit der anderen hielt er die Maus an sein Ohr und tat, als würde er telefonieren. Ich musste herzlich lachen über dieses Bild, das sich mir bot. Diese Situation verdeutlichte mir einmal mehr, wie sehr Kinder doch von ihrer Umgebung und besonders von Vätern und Müttern geprägt werden. Wirklich schön, wie das Lernen am Modell funktioniert. Doch kurz darauf musste ich an manche meiner Arche-Kinder denken. Bei ihnen funktioniert das Nachahmen ihrer Eltern auch – aber leider oft mit weniger positiven Auswirkungen.

Ich erinnere mich zum Beispiel an ein Gespräch am Mittagstisch der Arche mit dem zehnjährigen Brian, dessen Eltern beide Hartz IV beziehen. Er erzählte mir von seinen Problemen in der Schule und den schlechten Noten, die er geschrieben hatte. Auf meine Anregungen und Ratschläge, wie denn diese Lage verändert werden könne, meinte er nur abwehrend: »Ist schon okay. Es ist mir doch eh egal, ob ich Fünfer oder Sechser bekomme. Ich werde später sowieso mal Hartz IV.«

Solche Gespräche lassen einen ab und an trotz allem Optimismus verzweifeln. Manchmal gibt es Momente, in denen ich mich frage, ob meine

Arbeit überhaupt etwas bringt und was aus diesen wertvollen jungen Menschen, mit denen ich in der Arche meine Zeit verbringe, letztendlich werden wird. Kann ich ihnen wirklich helfen, das Potenzial in sich selbst zu entdecken, und sie zum aktiven Einsatz ihrer Talente motivieren? Oder ist der Einfluss von zu Hause doch stärker, sodass Lethargie und Perspektivlosigkeit triumphieren werden? An Tagen, an denen mich solche Zweifel überkommen wollen, erinnere ich mich gern an das ermutigende Beispiel von Antonia. Ein Mädchen, das den Ausbruch aus dem Hartz-IV-Adel geschafft hat.

Antonia ist als ehrenamtliche Helferin in der Arche Berlin-Friedrichshain tätig und eine große Unterstützung für uns. Ob Mitarbeiter für die Feriencamps gebraucht werden, besondere Veranstaltungen anstehen oder dringend ein Helfer für die Hausaufgabenbetreuung einspringen muss, auf Antonia kann man zählen. Treu und zuverlässig bringt sie sich mit ihren Talenten ein und ihre künstlerischen und kreativen Fähigkeiten sind eine große Bereicherung für unser Team. Die Kinder lieben sie, und auch die Teenager haben Vertrauen zu ihr und verbringen gerne Zeit mit Antonia. Wenn ich so im

Arche-Alltag mit Antonia zusammenarbeite, vergesse ich oft, was für ein großes Wunder eigentlich hinter dieser Person steckt.

Wo wäre Antonia heute, wenn vor fast einem Vierteljahrhundert in Berlin nicht die Arche gegründet worden wäre? Wo stände Antonia heute, wenn Menschen kein Geld für den Start und Erhalt der Arche in Berlin-Friedrichshain gespendet hätten? Was wäre Antonia heute, wenn sie damals nicht von einem Nachbarsjungen zur Arche mitgenommen worden wäre?

Antonia startete nicht als selbstbewusste Ehrenamtliche in der Arche, sondern kam als eingeschüchtertes elfjähriges Mädchen zum ersten Mal durch die Tür der Arche. Ein Nachbarsjunge, den sie vom Spielen auf dem Hof kannte, hatte ihr von der Arche erzählt und sie mitgebracht. Neugierig blickte sich Antonia nun in der neuen Umgebung um. Außer den bunt und gemütlich eingerichteten Räumen fiel ihr vor allem das freundliche und ermutigende Lächeln der Mitarbeiter auf, die sie herzlich begrüßten. In der Arche herrschte eine ganz andere Atmosphäre, als sie es von zu Hause gewohnt war. Mitarbeiter nahmen sich ganz bewusst Zeit, um ihr aufmerksam zuzuhören, es wurde nachgefragt, wie es ihr ging, und wenn sie mal einen Fehler machte, wurde nicht mit Aggression und Schlägen geantwortet wie bei Papa. Das alles war wohltuend und zugleich ungewohnt für das verunsicherte Mädchenherz. Eine damalige Mitarbeiterin der Arche Berlin-Friedrichshain erinnert sich daran, dass Antonia ein Kind war, das nie lächelte. Ihr Blick war meistens verschlossen und traurig.

Doch mit der Zeit taute Antonia mehr und mehr auf und die Arche wurde ihr zweites Zuhause. Sie fasste immer mehr Vertrauen zu den Mitarbeitern der Arche, und besonders zu einer bestimmten Mitarbeiterin entwickelte sie eine starke Beziehung. Bei ihr konnte sich Antonia alles von der Seele reden, was sie belastete. Die Situation zu Hause war oft angespannt. Ihre Eltern hatten Antonia bekommen, als sie 20 Jahre alt waren. Beide waren schon zu diesem Zeitpunkt arbeitslos. Sie bekamen kein weiteres gemeinsames Kind, sodass Antonia keine Geschwister hatte, mit denen sie aufwachsen und ihr Leid teilen konnte. Umso wichtiger waren ihr dafür die festen Beziehungen und Freundschaften, die sie in der Arche aufbauen konnte. Das Verhalten und der Lebensstil der Arche-Mitarbeiter beeindruckten Antonia. So entstand in Antonias

Herz schon früh der Wunsch, später einmal selbst Sozialpädagogin zu werden. Trotz der Perspektivlosigkeit ihrer Eltern entwickelte sie ungeheuren Ehrgeiz, dieses Ziel eines Tages zu erreichen. Wenn sie einmal erwachsen wäre, wollte sie unbedingt eine Unterstützung im Leben von Kindern und Jugendlichen sein und ihnen in ihren Herausforderungen zur Seite stehen, so wie die Arche-Mitarbeiter. Dies würde kein leichter Weg werden, sie würde gute Noten brauchen, um eines Tages studieren zu können. Keiner in ihrer Familie hatte Abitur gemacht, geschweige denn studiert. Würde sie die Erste sein, die das schaffen sollte?

Während ihrer ganzen Schullaufbahn war die Arche darum eine riesige Hilfe. Antonias Lebenstraum entsprang an einem Tag, gab ihr aber die Motivation für viele weitere Tage. Nicht nur, dass die Mitarbeiter an Antonia glaubten und sie ermutigten, sie setzten sich auch mit ihr an den Tisch, um sie beim Lernen zu unterstützen, unverständliche Unterrichtsinhalte zu erklären und ihr bei den Hausaufgaben zu helfen. Die Zeit und die Kraft, die in der Arche in Antonia investiert wurden, haben sich heute, einige Jahre später, ausgezahlt. So haben die ermutigenden Worte, die von den Mitarbeitern in Antonias Herz gesät wurden, nun eine kostbare Frucht hervorgebracht.

Antonia hat im Jahr 2017 ihr Abitur gemacht und im Sommersemester 2018 angefangen zu studieren!

Nach einigen erfolglosen Bewerbungen und der anfänglichen Enttäuschung durch die entsprechenden Absagen hat sie es tatsächlich geschafft, durch das Nachrückverfahren noch in diesem Semester mit ihrem Studium zu starten. Wenn man bedenkt, welchen Belastungen Antonia in ihrer Vorbereitungszeit auf das Abitur ausgesetzt war, ist es wirklich erstaunlich, wie sie diesen Weg gemeistert hat. Ausgerechnet in der Oberstufe, während die meisten ihrer Klassenkameraden sich voll und ganz auf den Schulstoff konzentrieren konnten, erlebte Antonia einige der schwersten Tage ihres Lebens. Aufgrund des grenzüberschreitenden und aggressiven Verhaltens ihres Vaters planten ihre Mutter und sie, heimlich auszuziehen und in ein Frauenhaus zu flüchten, um dort Schutz zu erhalten. Der Plan wurde umgesetzt. Ihren 18. Geburtstag feierte Antonia im Frauenhaus, in dem sie sich mit ihrer Mutter ein Zimmer teilen musste. Auch in dieser schwierigen Phase war die Arche ein sicherer Hafen für

Antonia. Ein vertrauter Ort der Beständigkeit, an dem sie ihre Sorgen teilen und Lasten fallen lassen konnte.

Die Kraft, um die zahlreichen Krisen zu bewältigen, die sie schon in ihren jungen Jahren durchstehen musste, schöpfte Antonia auch aus ihrem christlichen Glauben, den sie in einer Berliner Gemeinde sehr aktiv praktiziert. Nicht nur in der Arche war und ist Antonia heute umgeben von Menschen, die mit Perspektive leben und ihr mit Rat und Tat zur Seite stehen. Dieses gesunde und stabile Netz an sozialen Kontakten hat stark dazu beigetragen, dass Antonia heute fähig ist, ihren eigenen Weg zu gehen und ein anderes Leben zu führen als ihre Eltern.

Antonias Geschichte zeigt, dass Glauben, Hoffnung und Liebe nicht nur schnöde Worte sind, sondern eine Kraft besitzen, die alles verändert. Beziehungen zu anderen Menschen können aus einem Minus ein Plus machen. Das hängt ab von dir und mir – von unserer Bereitschaft, zu empfangen und zu geben. Antonia wurde selbst aktiv und kann nach ihrem Studium Kindern in der ganzen Welt als Sozialarbeiterin das geben, was sie selbst empfangen hat.

Als ich neulich auf einer Reise in Israel war, machte ich eine Bootstour auf dem See Genezareth.

Der Guide dort inspirierte mich mit folgendem Gedanken: Der See Genezareth ist voller Leben, es schwimmen in erfrischendem Salzwasser eine Menge Fische. Das Tote Meer hingegen ist ein lebloses Salzmeer, das mehr und mehr austrocknet. Was ist der Unterschied dieser beiden Gewässer? Der See Genezareth hat einen Zulauf, durch den er Wasser vom Jordan bekommt. Doch er bekommt nicht nur frisches Wasser, sondern er hat auch einen Auslauf, durch den Wasser ins Tote Meer weiterfließt. Der See Genezareth gibt und nimmt – und ist voller Leben. Das Tote Meer hingegen empfängt ausschließlich und gibt nichts weiter. Dies ist für mich ein eindrückliches Bild! Wenn wir an den Inhalt dieses Buches denken, wird uns klar: Es darf nicht nur beim Nehmen bleiben. Menschen, die nur nehmen, aber nicht geben, sind auf Dauer nicht glücklich. Aber ohne zu empfangen, kann man auch nichts geben! Darum bin ich dankbar für die Arche und hoffe sehr, dass weiterhin solche vortrefflichen Meisterwerke in der Arche entstehen wie Antonia. Kinder und Jugendliche, die freimütig empfangen – Aufmerksamkeit, ermutigende Worte, liebevolle Zurechtweisung, aufrichtige Wertschätzung – und später genauso freimütig geben.

Die Schule des Lebens

Der junge Mensch setzt, gerade aus der Schule entlassen, einen ersten Schritt in »die Schule des Lebens«. Die Suche nach einem passenden Ausbildungsplatz beginnt. Ein Ausbildungsunternehmen stellt Ansprüche an einen Schulabgänger. Eine Berufsausbildung soll normalerweise auf einer soliden Basis aufbauen. Der Ausbilder hat nicht die Geduld und Zeit, hinsichtlich der Vermittlung von Wissen bei seinem Auszubildenden von vorne anzufangen. Unternehmen erwarten daher, dass am Ende der Schulausbildung die Grundlagen für eine stabile Persönlichkeit sowie für Lern- und Leistungsbereitschaft gelegt sind und dass grundlegende Kenntnisse in allen Fächern erworben wurden, die von Belang sind.

Doch das ist häufig nicht der Fall. Gerade Handwerksbetriebe können davon ein Lied singen. Sie finden keine Auszubildenden, die Interesse an einem Handwerksberuf haben und auch noch die Lernbereitschaft dafür mitbringen. Viele Jugendliche werfen ihre Ausbildung schon nach wenigen Tagen hin. Es fehlen Disziplin und die Bereitschaft, Leistung zu bringen. In den Archen betreuen wir die Jugendlichen, denen wir einen Ausbildungsplatz vermitteln konnten, in den ersten Wochen ihrer Ausbildung besonders intensiv, damit sie auch durchhalten. Die Arche-Mitarbeiter motivieren sie, morgens rechtzeitig aufzustehen, um pünktlich im Betrieb zu erscheinen. Manchmal kann da auch ein entsprechender Anruf am frühen Morgen den Jugendlichen Flügel verleihen. Dieser Bereich unserer Arbeit wird insbesondere von unserem »Mutmacher-Projekt« bestritten. Das Projekt begleitet junge Menschen in dieser wichtigen Lebensphase. Mutmacher sind Personen, die sehr nah am Heranwachsenden agieren und auch ein Bindeglied zwischen Auszubildendem und seinem Betrieb sind. Sie helfen, zwischen beiden Seiten zu vermitteln. Ziel ist, dass einer den anderen auch versteht.

Mutmacher – eine Stütze für die Jugendlichen

In der Hamburger Arche hat es vor fast vier Jahren seinen Anfang genommen. Ein hervorragendes Projekt, das den Namen »Mutmacher« trägt, startete damals, dank der Unterstützung der »Stiftung stern« und des RTL-Spendenmarathons, mit einer einzigartigen Arbeit mit Jugendlichen. Die inhaltliche Arbeit wird mittlerweile auf weitere Standorte übertragen und hat sich als Standard unserer Arche-Arbeit etabliert.

Mutmacher sind Menschen, die Jugendlichen in ihrem Schulalltag helfen, einen Ausbildungsplatz suchen und ihnen Mut zusprechen, wenn es sonst niemand tut. Es sind Wegbegleiter, die den jungen Menschen mit Rat und Tat zur Seite stehen. Menschen, denen sie einfach vertrauen, die ihnen Zeit und Zuwendung schenken.

Ein Mutmacher ist nicht nur Sozialarbeiter und Coach: Er ist ein wirklicher Vertrauter. Ein Mensch, mit dem sich Kinder und Jugendliche verbinden und verbünden können, der mal fragt, wie es einem geht.

Je nach Familiensituation, Lebensphase, Persönlichkeits- und Fähigkeitsstruktur hat ein junger Mensch ganz unterschiedliche Bedürfnisse. Der eine braucht eine Bezugsperson, die ihm in regelmäßigen Abständen die Fragen stellt: »Was sind deine Ziele und Träume für die nächsten Jahre? Was brauchst du an konkreter Hilfe, um diesen Zielen näher zu kommen? Welche Schritte musst du gehen?« Der andere braucht eher einen Menschen, der präzise Angebote macht: zum Beispiel einen Jobpaten, der bei der Suche nach einem Ausbildungsplatz hilft. Oder er braucht eine Person, die sich erst einmal seine Geschichte anhört und mit seinen Eltern oder Lehrern spricht. Wieder andere benötigen Nachhilfeunterricht oder die Möglichkeit, sich im Sport zu versuchen oder ein Instrument zu erlernen. Vor allem aber braucht jeder die gute Erfahrung, dass er von sich und aus sich heraus sein Leben meistern kann. Je mehr er diese Erfahrung macht, je mehr er sich als selbstwirksam erlebt, desto eigenständiger wird er.

Unsere Arbeit in den Jugendbereichen der Archen beinhaltet verschiedene Programme wie kreative Workshops, Jungs- und Mädchengruppen, Freizeitangebote, Ferienprogramme, Freizeiten oder Hausaufgabenbetreuung. Zusätzlich gibt es ein kostenloses Essensangebot gegen Abend, da viele Jugendliche bis zum Nachmittag Schule haben. Alle Angebote stehen dabei den Jugendlichen kostenlos oder zu einem sehr geringen Beitrag zur Verfügung, sodass jeder unabhängig von der finanziellen oder persönlichen Situation der Eltern die Angebote in Anspruch nehmen kann. Um Jugendliche zu motivieren, an Workshops oder anderen Angeboten wie beispielsweise Hilfsangeboten teilzunehmen, wurde hierfür ein eigenes Währungssystem im Jugendhaus eingeführt, die sogenannten »Credits«. Die Jugendlichen haben die Möglichkeit, sich durch Mitarbeit oder die Inanspruchnahme der Bildungsangebote, etwa der Teilnahme an der Hausaufgabenhilfe, am Berufsorientierungsprogramm, am Einzelberatungsgespräch, oder durch Mithilfe bei Gruppenaktionen Credits zu verdienen. Mit diesen können sie dann Ausflüge, Freizeiten, Snacks und Softdrinks oder Klamotten »bezahlen«. Dies fördert ihre Eigenverantwortung und steigert ihr Selbstwertgefühl, da sie gefühlt aus der Rolle des Hilfsbedürftigen aussteigen und selbst etwas für ihre Bildung tun. Gleichzeitig verändern sie die Situation »kein Geld« durch ihr positives Engagement. Zudem motiviert dieses System die Jugendlichen, sich in ihrer Arche aktiv zu betätigen und somit Verantwortung zu übernehmen.

Zugleich kann aber jeder Jugendliche, der im Jugendbereich lediglich »abhängen« will, dies gerne tun. Im Rahmen der Aktivitäten und bei Gesprächen »an der Theke« entstehen die langfristigen Beziehungen zu den Mitarbeitern, den Mutmachern. Bereits hier identifizieren die Mutmacher, welcher Bedarf einer individuellen Förderung beziehungsweise Begleitung besteht, sei es ein Gespräch mit den Eltern, Begleitung zum Jugendamt, Nachhilfe oder Angebote zur Berufsorientierung – eine erste grobe Bedürfnisanalyse. Denn Ziel des Bereiches ist die Hinführung einzelner Jugendlicher durch langfristige Beziehungsarbeit zu einer individuellen Förderung. Es soll eine »Eins zu eins«-Beziehung und -Begleitung entstehen, die den Jugendlichen in seiner Entwicklung über Jahre hinweg stärkt und voranbringt. Nehmen Jugendliche das Angebot der individuellen Förderung an, werden mit ihnen zunächst Einzelgespräche geführt. Sie werden nach ihren Zielen gefragt. Die Ziele sind dabei ganz unterschiedlicher Natur: von »in Mathe besser werden« über »Ausbildungsplatz finden« bis hin zu »ich will nicht wie meine Mutter drogenabhängig werden«. Im letzteren Fall sind Wachsamkeit und schnelles Handeln gefragt: Per Einzelgespräch wird behutsam die häusliche Situation geklärt. Besteht ein Verdacht auf Kindeswohlgefährdung, wird den Jugendlichen angeraten, sich an das Jugendamt zu wenden. Es wird das Angebot gemacht, sie dorthin zu begleiten. Gegebenenfalls entsteht aus dem Beratungsgespräch eine enge Abstimmung mit dem Jugendamt. Der Mutmacher bleibt auch dabei an der Seite der Jugendlichen.

In weniger prekären Fällen setzen die Mutmacher systemische Coachingmethoden ein, um nicht nur die offensichtlichen Bedürfnisse, sondern vor allem Ressourcen des Jugendlichen zu identifizieren. Hat der Jugendliche seine Ressourcen, einfacher gesagt: seine Fähigkeiten entdeckt, gestaltet er aktiv das Programm mit, das ihn unterstützt, seine Ziele zu erreichen, sei es ein Halbmarathontraining, um die Ausdauer in schulischen Belangen zu steigern, die Teilnahme am Jobpaten-Programm der Arche oder Gitarren- beziehungsweise Reitunterricht, um die geistige und physische Wahrnehmung zu verbessern. Ein besonderes Programm ist die Auseinandersetzung mit der Herkunftskultur: »Bin ich Russe, Türke, Iraner oder Deutscher oder sogar beides? Wie kann ich meine Bikulturalität gewinnbringend einsetzen?« Dies sind nur einige wenige Programme und Settings, die das »Mutmacher-Konzept« anbietet. Jüngst sind die Lerncamps dazugekommen: In meist ländlicher Umgebung lernen die Teilnehmer jeden Tag in kleinen Gruppen konzentriert mehrere Stunden für die Fächer Deutsch, Mathematik und Englisch, bereiten sich so auf ihre anstehenden Prüfungen vor.

Ist ein Förderungsprogramm notwendig, das die Arche selbst nicht bieten kann, beispielsweise eine Suchtberatung, Psychotherapie oder Sportprogramme, die über Ausdauertraining und Boxen hinausgehen, so greift der Mutmacher auf das große Arche-Netzwerk zurück und begleitet den Jugendlichen zu einem Angebot der Arche-Partner, wie zum Beispiel einem Training bei McFIT.

Hat der Jugendliche ein Ziel erreicht, ergeben sich daraus oft neue Ziele. Im Laufe der Zeit wird er immer selbstständiger in seiner Zielverfolgung und entwickelt alleine Umsetzungsstrategien.

Das »Mutmacher-Team« der Hamburger Arche begleitet auf diese Weise bereits erfolgreich einige Jugendliche. Die Arbeit mit den vielen Jugendlichen in den anderen Archen ist aufgenommen und entwickelt sich je nach finanzieller Unterstützung, denn Mutmacher sind Menschen, die bezahlt werden müssen.

Ob in Hamburg oder in anderen Städten in Deutschland – es gibt zahlreiche Jugendliche, deren Potenzial in Schule und Elternhaus nicht oder kaum erkannt und gefördert wird. Dies führt zu einer Vielzahl an zivilgesellschaftlichen Initiativen, Organisationen im Bereich Bildung und Integration. Die Programme reichen von Mentoring über Nachhilfe bis hin zu Coaching; von Musik- über Sport- bis hin zu Theaterangeboten für sogenannte benachteiligte Kinder und Jugendliche. Das birgt die Gefahr einer gewissen Konkurrenz sowohl um die Klientel als auch um die Förderungsprogramme. Leider führt dies aber vor allem häufig zu einem verengten und verallgemeinernden Blick auf die Zielgruppe benachteiligter Kinder und Jugendlicher. Die Folge ist oft: Das falsche Programm trifft den falschen

Jugendlichen zur falschen Zeit oder auch gar nicht! Der Jugendliche bleibt enttäuscht zurück und fühlt sich allein gelassen! Es fehlt an einer koordinierenden und kontinuierlichen Begleitung durch eine Bezugsperson. Wie bereits erläutert, ist nicht jedes Angebot für jeden Jugendlichen geeignet.

Das beziehungsorientierte Mutmacher-Projekt hingegen ermöglicht es, eine ganze Palette von genau auf den Jugendlichen zugeschnittenen Fördermöglichkeiten bereitzuhalten, ihm diese durch seinen Mutmacher zugänglich zu machen und ihn über einen sehr langen Zeitraum durch die individuelle Begleitung in seiner Entwicklung zu fordern und zu fördern.

Eine Person, der Mutmacher, begleitet den Entwicklungsprozess des Jugendlichen kontinuierlich über mehrere Jahre, ist Vertrauensperson und Lebensbegleiter, vermittelt und koordiniert. In diesem Ansatz liegt das Potenzial dieses Projektes.

Kleiner Junge – ganz gross

Es ist Montagmorgen, ein warmer Sommertag. Der neunjährige Robert ist im Begriff, mit seiner dreijährigen Schwester die unaufgeräumte kleine Dreizimmerwohnung in einem Plattenbau im Osten Berlins zu verlassen.

Heute will er mit seiner Schwester Anika zum Zahnarzt. Er zieht sie hinter sich her, redet auf sie ein: »Er wird schon nicht bohren. Er guckt nur nach!« Doch die »Kleene« – so nennt er sie – will das nicht so recht glauben. Robert redet weiter auf sie ein, zieht sie hinter sich her, will in den Aufzug, doch der ist wieder einmal kaputt. Er geht zur Treppe und zieht seine Schwester die vier Stockwerke hinunter. Anika schreit wie am Spieß. Das Weinen des Mädchens ist mit Sicherheit in den anderen Wohnungen zu hören, doch hier stört das niemanden. Keine Tür geht auf, keiner schaut nach, was los ist. Hier hat jeder seine eigenen Probleme, und davon nicht zu wenige. Unten angekommen, gehen die beiden zur Tür, vorbei an bemalten und beschmierten Wänden. Draußen bleibt Robert kurz stehen. Man sieht, wie er nachdenkt, wie er überlegt, was zu tun ist, während die kleine Anika weiter nörgelt und weint. Der Zahnarzt hat seine Praxis rund zweieinhalb Kilometer weit entfernt im eigentlichen Zentrum des trostlosen Stadtteils. Wie sollen sie dorthin kommen? Eigentlich bleibt nur die Straßenbahn. Nur wenige Meter vom Block entfernt ist eine Haltestelle. Doch da gibt es ein Problem: Die beiden Kinder haben kein Geld für einen Fahrschein.

Anika ist drei Jahre alt und darf noch umsonst fahren, das gilt aber nicht für ihren älteren Bruder. Doch der beißt die Zähne zusammen und zieht seine Schwester in die Bahn. Es ist nicht das erste Mal, dass Robert schwarzfährt. In der Vergangenheit ging es hin und wieder gut; dann haben die Kontrolleure ihm geglaubt, dass er erst sechs Jahre alt sei. Doch schon rund dreißig Mal wurde Robert beim Schwarzfahren erwischt und den Berliner Verkehrsbetrieben gemeldet. Heute geht aber alles gut. Keine Kontrolle und die »Kleene« hat sich inzwischen auch beruhigt.

15 Minuten später sitzen sie in der Praxis und die erste Hürde des Tages ist gemeistert.

Robert hat drei Geschwister, die alle jünger sind als er, und um die muss er sich kümmern. Roberts Vater ist schon lange weg, genauso wie der Vater der anderen drei. Deshalb leben die Kinder allein mit der Mutter. Die arbeitslose Frau ist noch keine vierzig und doch ist das Leben für sie praktisch schon vorbei. Sie sitzt tagsüber in der Wohnung und raucht eine Zigarette nach der anderen, während der Fernseher pausenlos läuft. Der Kühlschrank ist leer, regelmäßige Mahlzeiten gibt es nicht. Robert ist für seine Geschwister eine Art Vaterersatz. Er, als der »Mann« in der Familie, muss sich mit seinen neun Jahren um sie kümmern. Arztbesuche, einkaufen, die Kleinen in die Kita bringen – all das zählt zu Roberts Aufgaben. Und natürlich muss er auch noch in die Schule. Doch da ist er oft viel zu müde, um aufzupassen. Während des Unterrichts holt der Junge oft seinen Schlaf nach – und die Lehrerin lässt ihn. Robert hat deshalb natürlich große Wissenslücken, und es ist fraglich, ob er die jemals wieder wird auffüllen können.

Robert kommt seit drei Jahren zu uns in die Arche. Da er nur schwer Kontakt zu gleichaltrigen Kindern findet, ist er häufig bei mir im Büro oder bei einem meiner Mitarbeiter. Er will das Telefon abnehmen oder Besucher durch die Arche führen – einfach mitarbeiten. Er hat verlernt, Kind zu sein.

Ich fragte ihn einmal: »Was machst du eigentlich so am Abend zu Hause?« Seine Antwort lautete: »Wenn die Kinder im Bett sind, dann spiele ich manchmal, wenn Mama Lust hat, ›Mensch ärgere dich nicht‹ mit ihr.« Diese Antwort erschreckte mich. Ein neunjähriger Junge spricht von seinen nicht wesentlich jüngeren Geschwistern als von »den Kindern«. Er sieht sich selbst bereits als einen kleinen Erwachsenen.

Einmal – es war im Frühling – fand ich den Jungen bitterlich weinend in der Arche vor. Er erzählte mir, dass seine Mutter ihn nicht zu Hause haben wolle, weil sie Besuch habe, und dass sie ihn zu einer Tante geschickt habe, die er nicht besonders mochte. Ich lud ihn in mein Auto und fuhr mit ihm gemeinsam zur Mutter. Als ich meinen Wagen auf dem Parkplatz vor der Mietskaserne abgestellt hatte, weigerte Robert sich auszusteigen. Erst weinte er nur, dann schrie er. Er wollte meinen Wagen partout nicht verlassen.

Dieses Mal zeigten sich Nachbarn an den Fenstern. Sie wollten sehen, was da los war. Nur die Mutter ließ sich nicht blicken. Irgendwann ging die Haustür auf, und zwei von Roberts kleineren Geschwistern kamen – trotz der kühlen Temperaturen nur mit offenen Bademänteln bekleidet – zum Auto gelaufen. Es dauerte rund zwanzig Minuten, bis sich Robert beruhigt hatte. Die Mutter hatte sich bis zu diesem Zeitpunkt noch immer nicht gezeigt. Ich brachte den Jungen nach oben, wollte mit der Frau reden, doch die hatte Besuch und daher keine Zeit.

Auf die Frage, ob er glücklich sei, antwortete Robert einmal: »Manchmal ja, manchmal nein.« Er liebt seine Mama, doch manchmal will er einfach nicht nach Hause. Dann betrachtet er die Arche als sein Zuhause. Das erschreckt mich sehr.

Wir fragten Robert einmal, warum er nicht gerne zu Hause sei. Die Antwort war für uns alle schockierend. Wenn sein Stiefvater, der Vater seiner drei Geschwister, da sei, erklärte er, dann müsse er oft stundenlang in der Ecke stehen, manchmal bekomme er auch Schläge mit dem Schlappen.

Kürzlich mussten wir Robert mithilfe des Jugendamtes aus seiner Familie holen. Der

Stiefvater hatte versucht, ihn mit heißem Kaffee zu übergießen. Was für Qualen musste dieser Junge schon erleiden?

Das Jugendamt betreut Roberts Familie nun seit einiger Zeit besonders intensiv, wenn Roberts Stiefvater zu Besuch ist. Oft schon waren meine Mitarbeiter und ich bei Robert und seiner Familie zu Hause. Wir haben dann stundenlange Gespräche geführt – mit der Mutter und mit dem Vater von Roberts Geschwistern.

Immer wieder hat der Stiefvater des Jungen Gewaltausbrüche und dementsprechend groß ist Roberts Angst vor dem Mann. Was muss er in dem Kind schon alles zerstört haben?

Roberts Mutter hat nur wenige Jahre eine Schule besucht. Eine bezahlte Arbeit hat sie nie gefunden. Heute träumt sie manchmal von einer zweiten Chance. Sie sagt, sie würde ihre Kindheit gerne noch einmal neu erleben und dann versuchen, mehr aus ihrem Leben zu machen, doch in Wirklichkeit hat sie längst aufgegeben.

Haben Robert und seine Geschwister eine Chance auf ein besseres Leben? Robert hat kaum Kontakte zu gleichaltrigen Kindern. Die Mutter hat kein Geld für einen Sportverein oder gar für Musik- oder Nachhilfeunterricht.

Der Junge kann nicht einmal raus aus seinem Bezirk, denn auch dafür fehlt das Geld. Es ist noch nicht lange her, da haben wir ihm ein wenig von der Stadt gezeigt: das Brandenburger Tor, die Friedrichstraße, Unter den Linden und das Regierungsviertel.

Wir waren mit ihm Pizza und Eis essen, danach haben wir uns eine Zirkusvorstellung angeschaut. Das waren für ihn Höhepunkte, Momente des Glücks. Hin und wieder fährt Robert mit anderen Kindern aus der Arche in ein Feriencamp. Dann kann er – zumindest für eine gewisse Zeit – vergessen, was sein Kinderherz belastet. Wenn man dann in die Augen dieses Kindes sieht, weiß man, dass es Hoffnung auf eine bessere Zukunft gibt, und wir werden alles in unserer Macht Stehende tun, dass er auf diese Zukunft zusteuern kann.

Robert ist ein kleiner Erwachsener. Er muss ständig für seine Geschwister da sein. Wenn er mit seiner dreijährigen Schwester in die Arche kommt, dann kümmern sich unsere Mitarbeiter um die Kleine, und wir versuchen, Robert wieder beizubringen, selbst Kind zu sein.

Auch wenn es Robert noch schwerfällt, zusammen mit anderen Kindern zu spielen, weil er es einfach nicht gewohnt ist, so sind wir doch froh, dass er weiß, dass er jemanden hat, der an seiner Seite steht. Als er einmal bei uns im Haus von einer Journalistin gefragt wurde, ob er denn auch einen guten Freund habe, antwortete er: »Ja, Jesus, der ist mein Freund.« Robert kommt aus einer nicht christlichen Familie und hat das erste Mal in der Arche in einer Kinderbibel gelesen.

Diese Geschichte stammt aus dem ersten Arche-Buch, *Deutschlands vergessene Kinder*, das 2007 erschienen ist. Auch heute haben wir noch Kontakt zu Robert und seiner Familie. Doch das letzte Jahrzehnt war für Robert sehr aufregend und ereignisreich. Vor acht Jahren feierte seine Mutter mit den Kindern sowie einer Freundin und deren Kindern zusammen Weihnachten. Insgesamt waren sie zehn Personen, acht Kinder und die beiden Mütter. Natürlich ging es hoch her. Beide Mütter hatten für einige der Kinder keine Weihnachtsgeschenke kaufen können, unter anderem für Robert. Aus was für Gründen auch immer. Die Kinder waren enttäuscht, weinten, schrien teilweise, sodass die beiden Mütter die Nerven verloren. Roberts Mutter rief den Kindernotdienst an. Die Nummer hatte sie im Kopf. »Holt meine Kinder ab, ich habe keinen Bock mehr auf sie!«, schrie sie ins Telefon. Tatsächlich kam wenige Minuten später die Polizei und nahm den größten Teil der Kinder mit. Später wurden diese dann auf verschiedene Kindereinrichtungen verteilt. Für einige Jahre durfte Robert, der jetzt am Rande von Berlin lebte, die Arche nicht mehr besuchen. Er sollte alle bisherigen sozialen Kontakte abbrechen. Doch heimlich hielten wir über eine Arche-Mitarbeiterin weiter Kontakt zu ihm. Nach einer gewissen Zeit durfte Robert alle paar Wochen auch seine Mutter wieder besuchen. In seiner Einrichtung war Robert nicht sehr glücklich. Er zählte die Tage und Wochen, um seine geliebte Mutter wenigstens für einige Stunden sehen zu dürfen. Doch die nahm Robert und seine Probleme nicht wirklich wahr.

So zogen die Jahre ins Land. Robert besuchte eine Förderschule und machte dort auch seinen Abschluss. Das hätte er ohne die Hilfe der Sozialarbeiter aus seiner Wohngruppe sicher nicht geschafft. An seinem 18. Geburtstag verließ Robert die Einrichtung und zog wieder in sein altes Kinderzimmer bei seiner Mutter. Er fing eine Ausbildung im Gastronomiebereich an, die er jedoch schnell wieder abbrach. Das Ganze war ihm zu stressig. Er begann eine Ausbildung zum Sozialassistenten. Die hat er derzeit noch nicht beendet. Er lebt zusammen mit seinem Freund immer noch in seinem alten Kinderzimmer. Die beiden sind sehr glücklich und wollen heiraten. Ob Robert in den kommenden Jahren ein selbstbestimmtes Leben führen kann, wird sich bald zeigen. Seine Mutter kann ihm dabei jedoch nicht helfen. Sie bekommt auch heute ihr eigenes Leben noch immer nicht in den Griff. Doch Robert liebt seine Mutter über alles. Es sieht sie jeden Tag und kann sich ein Leben ohne sie nicht vorstellen.

Die Mutter hat immer mal wieder einen neuen Freund, und sie überraschte Robert kürzlich mit einem Schwesterchen. Da die Mutter sehr korpulent ist, hatte niemand in der Familie die Schwangerschaft bemerkt. Das Kind kam allerdings sofort in eine Pflegeeinrichtung. Das Leben von Robert und seiner Familie werden wir weiter verfolgen. Wir bleiben dran.

Kreativität und Leidenschaft bleiben auf der Strecke

Unser Schulsystem hat Schwächen, es ist veraltet, und bereits in den vergangenen Jahren durchgeführte Reformen haben auch nicht viel verändert. Deutsche Schulen fördern nicht Individuen, sondern Konformismus. Solang sie das tun, können sie auf die Probleme der Kinder nicht eingehen. Sie belohnen Anpassung, Stillsitzen und das Kurzzeitgedächtnis, aber nicht Kreativität, Neugierde und Leidenschaft. Noten sollen etwas über das Kind aussagen, ein Trugschluss, der doch längst überholt ist, an dem aber immer noch festgehalten wird. Begabung wird mit einer guten Schulnote verwechselt. Es wird Wissen vermittelt, das schnell wieder vergessen ist.

Die Schulen versagen auf ganzer Linie und tragen erhebliche Schuld an der geschilderten Misere der Ausbildungsbetriebe und den Problemen mit jungen Menschen. Das liegt nicht einmal an der Qualität der Lehrkräfte, nein, es liegt daran, dass zu wenige von ihnen in den Schulen unterrichten. Und weil eben an vielen Schulen Personal fehlt, verzweifeln Lehrkräfte, geben sich auf und sehen ihren Beruf als unausübbar an. Das hat zur Folge, dass sich auch in der Beziehung zu den Kindern eine Veränderung vollzieht, eine Veränderung, die mit Motivationsverlust und Freudlosigkeit einhergeht. Auswirkungen, die in diesem Beruf besonders schwerwiegende Folgen haben können. Lehrkräfte ziehen sich zurück und lassen den Dingen ihren Lauf. Sie suchen nicht mehr nach den Stärken und Potenzialen der Kinder, nein, sie sehen nur noch ihre Schwächen und lassen sie infolgedessen am Schulsystem scheitern.

Man stelle sich einmal ein Unternehmen vor, das sich nicht auf seine Kunden einstellt, sondern deren Bedürfnisse schlicht außer Acht lässt. Das ist kaum vorstellbar, doch in der Schule ist das eine abgemachte Sache. Die Schule sollte sich aber – wie jedes Unternehmen auch – auf die Kunden, also auf die Kinder einstellen. Die werden das später als Steuerzahler der Gesellschaft mit einem guten Job und einem ordentlichen Einkommen auf Heller und Cent zurückzahlen.

Kinder verfügen über viele Potenziale, die entdeckt werden müssen. Doch dazu erhalten sie in den Schulen zu wenig Raum. Die Freude am eigenen Entdecken und Gestalten, das Experimentieren, die Leidenschaft, sich mit verschiedenen Dingen zu beschäftigen, muss viel mehr gefördert werden. Der Lehrerberuf ist ein Beziehungsberuf. Schlechte Beziehungen lassen Stress entstehen. Wir brauchen an unseren Schulen doppelt so viele Lehrkräfte, gut ausgebildete weitere Pädagogen und auch Psychologen. Wir haben nur diese Kinder, es gibt keine anderen, und anstatt sie zu fördern, werfen wir sie auf den sozialpolitischen Müllhaufen. Hier schadet der Staat vor allem sich selbst.

Viele Jugendliche schaffen den Abschluss an der Schule nicht und werden später kein selbstbestimmtes Leben führen können. Sie liegen dem Steuerzahler auf der Tasche. Unsere Kinder brauchen zwei Dinge, um später zu bestehen: Bildung und Werte. Und wenn die Eltern diese nicht vermitteln können oder wollen, muss das in der Schule passieren.

Es muss also heute in der Schule neben der Vermittlung von Wissen auch eine stärkere Förderung der Kinder erfolgen. Auch an der Einstellung der Lehrkräfte sollte sich etwas ändern. Die Berufswahl wird in manchen Fällen von Motiven wie der Aussicht auf den Beamtenstatus oder ein hohes Maß an Freizeit geleitet. Das reicht unserer Meinung nach nicht aus. Der Lehrer sollte ein hohes Maß an Begeisterungsfähigkeit und Ausstrahlung besitzen und ein Talent haben, Inhalte an Kinder und Jugendliche motivierend zu vermitteln. An den Universitäten sollte eine bessere Vorbereitung der Lehrkräfte auf das stattfinden, was sie an den Schulen tatsächlich erwartet.

In den Archen leisten wir diese Arbeit jetzt seit fast 25 Jahren, und viele der Kinder, die unsere Einrichtungen über Jahre besucht haben, sind auf einem guten Weg. Natürlich scheitern auch wir bei manchen Kindern. Aber einen Großteil der Kinder, die in die Archen kommen, bringen wir auf einen guten Weg.

In den Schulen brauchen wir mehr Personen, die den Kindern als Ansprechpartner dienen. Ob das ein Vertrauenslehrer oder ein älterer Schüler ist, spielt keine Rolle. Eltern, die selbst keine Perspektive für sich und ihr Leben sehen, können für ihre Kinder kein Vorbild sein. An wen sollen sich die Schüler und Schülerinnen mit ihren Problemen wenden, wenn nicht an ihre Lehrer?

Unsere Schulen brauchen ein System, um auf die Individualität der Kinder eingehen zu können. An den Schulen sollte die Möglichkeit bestehen, Kinder, die den Unterricht stören, separat zu betreuen. Ein Vertrauenslehrer reicht nicht aus, um 700 Kinder zu betreuen. Die Schule braucht, um ihren Schülern gerecht zu werden, mehr Unterstützung, auch von anderen Institutionen, in Form von medizinischer und psychologischer Betreuung und Beratung. Es sollte ein Ort entstehen, an dem auch die Eltern der Kinder Unterstützung erhalten, Beratung in erzieherischen Fragen und vielleicht auch ein wenig persönliche Lebenshilfe erfahren. Die Schule muss Ansprechpartner für Eltern und Schüler zugleich sein. Es sollten gemeinsam Lösungen für die Probleme der Familie gefunden und dann die Kinder gezielt gefördert werden.

Wenn wir die Situation an den Schulen nicht ändern und dort nicht endlich einen Lernort entstehen lassen, der von einer entspannten Atmosphäre geprägt ist, können wir zusehen, wie die Verlierer von morgen heranwachsen.

Viele Kinder und auch ihre Eltern brauchen eine Institution, in der sie moralisch aufgebaut werden. Man kann ein Kind aber nur dann fördern, wenn die Eltern mit im Boot sind.

Der Staat und, in diesem Fall, seine Schulen sollten so stark sein, dass sie auch das schwächste Glied einer Kette auffangen können. Heute wird ein leistungsschwaches Kind, das in der Schule den Anschluss verloren hat, an den Rand der Gesellschaft gedrückt und ist zum Scheitern verurteilt. Die Lehrkräfte in den Schulen müssen sich stärker auf die individuellen Fähigkeiten der Kinder konzentrieren können, dafür muss ihnen der Rücken freigehalten werden. Wenn zum Beispiel ein Kind musische Fähigkeiten besitzt, sie aber in der Familie des Kindes nicht entdeckt und gefördert werden, muss das in der Schule geschehen. Denn so ermöglichen wir Kindern, aus den möglicherweise eingeschränkten Strukturen des Elternhauses auszubrechen. Das musisch begabte Kind wird in seinem Selbstwert gestärkt, es erlebt, dass es etwas kann. Mit Sicherheit würde sich seine daraus resultierende positive Einstellung auch auf andere Unterrichtsstunden auswirken und es möglicherweise zu besseren Leistungen in Fächern wie Mathematik und Deutsch animieren. Das haben wir bei Kindern erlebt, die die Hausaufgabenbetreuung in den Archen wahrnehmen.

In der Realität sieht es aber anders aus. Wenn in gestresster Unterrichtsatmosphäre keine Beziehung zwischen Lehrkraft und Schüler besteht, kommen nur die Schwächen und Probleme der Kinder ans Tageslicht. Um das einzelne Kind legt sich diese Negativität wie ein Nebel, der jegliche Sicht auf die inneren Fähigkeiten des jungen Menschen verhindert.

Diese Situation an den Schulen wird übrigens für den Staat sehr teuer werden. Wenn ein Kind in der Schule scheitert, wird es folglich keinen vernünftigen Schulabschluss schaffen. Ein Ausbildungsplatz, der den Fähigkeiten eines Schulabbrechers entspricht, lässt sich aber nicht herbeizaubern. Die Folge ist Arbeitslosigkeit und damit verbunden ein Leben in Hartz IV, wahrscheinlich von langer Dauer. Der Staat lässt also in seiner Schule ein Kind scheitern, welches er dann über Jahrzehnte mit Transferleistungen unterstützen muss. Das kann es doch nicht sein! Weil sich der Staat damit vor allem ins eigene Fleisch schneidet.

Wenn ein Staat von seinen Kindern und späteren Erwachsenen profitieren will, dann muss er sie möglichst in jungen Jahren fördern, sodass sie später ein selbstbestimmtes Leben führen können. So, wie es jetzt läuft, ist es wenig effektiv und produktiv und zeugt nicht gerade von intelligentem Handeln. Ein Armutszeugnis für den deutschen Staat.

Wenn eine Mutter fünf Kinder von vier verschiedenen Männern in die Welt gesetzt hat, dann dürfen wir als Gesellschaft sie nicht verachten. Wir sollten sie durch ehrliches Handeln und Tun einladen, mit ihr über ihr Leben und ihre Probleme zu sprechen. Passieren kann eine solche Begegnung nur in der Kita und in der Schule, die Orte der Beziehungsarbeit sein sollten. Man kann nur immer wieder betonen, wie wichtig Beziehung ist.

Von Berlin nach Bayern – zwei unterschiedliche Schulwelten

Eine junge Mutter namens Lara lebte einst mit drei Kindern, gezeugt von drei verschiedenen Männern, in Berlin. Ihr Alltag war anstrengend, angefüllt mit vielen Problemen, die sie häufig überforderten und an den Rand ihrer Kräfte brachten. Die alleinerziehende Lara erhielt kaum Hilfe von außen. Ihre Familie und auch ihre Freunde hatten genug mit sich selbst zu tun. Sich an das Jugendamt zu wenden, traute sie sich nicht. Die Angst, ihre Kinder zu verlieren, war groß. Ihre Sprösslinge konnten in der Schule dem Unterricht einigermaßen folgen, sodass sie nie unangenehm auffielen und bisher kein Schuljahr wiederholen mussten. Den Lehrkräften war die belastende Familiensituation der Kinder bekannt, aber Unterstützung, zum Beispiel in Form von einfühlsamen Gesprächen mit der Mutter, blieb aus.

Lara lernte eines Tages einen Mann kennen und verliebte sich in ihn. Der Mann stammte aus einer Stadt in Bayern, hatte in Berlin für einige Zeit beruflich zu tun. Nach einigen Monaten endete der berufliche Einsatz in Berlin und der Arbeitgeber des Mannes bestellte ihn zurück in seine Heimat. Lara erzählte in der Arche von der großen Liebe zu diesem Mann und wie viel Halt und Kraft er ihr und den Kindern gab. Zum ersten Mal in ihrem Leben war sie richtig glücklich. Deshalb wunderte es niemanden, dass der Umzug nach Bayern, in ein für sie neues und großes Abenteuer, bereits beschlossene Sache war. Die junge Mutter kannte ihren neuen Freund erst seit wenigen Monaten. Stimmen, die es gut meinten und ihren Entschluss infrage stellten, überhörte sie. Sie ließ sich nicht davon abbringen, in eine neue Stadt und in ein neues Bundesland zu ziehen. In den Sommerferien und nach der Versetzung ihrer Kinder – trotz der vielen Probleme musste keines der Kids die Klasse wiederholen – ging es dann los. Lara zog mit ihren drei Kindern in das Haus ihres neuen Partners. In den ersten Wochen war das Glück der neuen Familie groß. Alles war neu und dementsprechend schön. Vom Wohnzimmer der Familie aus konnte man bei schönem Wetter einen Blick auf die Alpen erhaschen, zu einem kleinen See waren es nur wenige Hundert Meter. Die Kids konnten in ihren Ferien täglich schwimmen gehen und das Leben hätte nicht besser sein können.

Doch auch in Bayern sind die Ferien begrenzt, der Besuch der neuen Schule ließ sich nicht mehr aufschieben. Laras Kinder konnten in die gleichen Klassen wie an ihren Berliner Schulen eingestuft werden. Mit dieser Einstufung, über die sich niemand vorher einen Kopf gemacht hatte, begann für alle drei Kinder ein Drama. Das Leistungsniveau an den Schulen in Bayern ist nachweislich deutlich höher als das der Berliner Schulen. Schon nach wenigen Wochen mussten alle drei Kinder eine Niederlage hinnehmen. Sie wurden zurückgestuft und sollten ihre vorherigen Klassen wiederholen. Den Freundschaften mit einigen Mitschülern, die die Kinder bis dahin gefunden hatten und die so wichtig für ihren Neuanfang waren, wurde ein jähes Ende gesetzt. Die Enttäuschung war groß und die Zurückstufung in die neuen Klassen war der Anfang eines beschwerlichen Lebens der Kinder. Leistungen und Lernfreude ließen bei allen drei Schülern beängstigend nach. Die neue Schule entwickelte sich zu einem Ort der Anspannung, der Druck lastete schwer auf ihren schmalen Schultern. Die Kinder litten, brachten ihre Probleme von der Schule mit nach Hause. Ihr Umfeld, Mutter und Lebenspartner, konnten die Kinder nicht mehr als Ruhepol und positiven Ausgleich wahrnehmen, sondern sie erlebten ihre Familie als genauso angespannt wie die Situation in der Schule. Das anfänglich große Glück war massiv getrübt und die Stimmung in der Familie wurde immer schlechter.

Lara rief unterdessen immer wieder bei »ihrer« Berliner Arche an und fragte um Rat. Die Beziehung zu ihrem neuen Freund litt sehr unter den Problemen ihrer Kinder, die nun den Alltag der jungen Familie bestimmten. Streit unter ihnen war an der Tagesordnung. Lara wurde immer trauriger. Weitere Monate und das Leben in der angespannten Lage ließen die Beziehung zerbrechen. Die nun wieder alleinerziehende Mutter zog mit den Kindern zurück nach Berlin. Ihr ältester Sohn tat sich mit dem Entschluss der Mutter, Bayern zu verlassen, besonders schwer. Er hatte gerade seine erste Freundin kennengelernt und musste sie nun nach wenigen Wochen schon wieder verlassen.

In Berlin zeigte sich das Leben nicht von der schönen Seite, neue Probleme kamen auf die Kinder zu. Zurück in ihrer alten Schule, wurden sie ausgelacht. Eine Lehrerin mobbte die jüngste Tochter mit der Aussage: »Wie kann deine Mutter auch schon nach wenigen Wochen mit einem neuen Freund in eine neue Stadt ziehen. Und außerdem weiß doch jeder, dass die Schulen in Bayern ein hohes Leistungsniveau haben. Es war doch klar, dass ihr dort scheitert.« Übrigens: Die Kinder kamen natürlich nicht wieder in ihre alten Klassenformationen zurück, sondern blieben zurückgestuft wie schon an den Schulen in Bayern.

Chaos in der Bildungspolitik

Wie kann es sein, dass in einem so überschaubaren Land wie Deutschland so unübersichtliche Schulsysteme nebeneinander existieren? In Deutschland werden etwa achteinhalb Millionen Kinder an allgemeinbildenden Schulen und rund zweieinviertel Millionen an Berufsschulen unterrichtet. So weit, so gut. Die Schulen werden allerdings regiert von 16 Kultusministerinnen oder Kultusministern mit 16 verschiedenen Schulmodellen. Das nennt man dann ein föderales Schulsystem. Muss das sein?

In Umfragen spricht sich regelmäßig eine Mehrheit dafür aus, die Verantwortung für das Schulsystem dem Bund zu übertragen. Nun, auf den Bildungsföderalismus zu schimpfen, ist beliebt. Die Arche kann sich dem auch nicht entziehen. Unser Bildungssystem gleicht einem Flickenteppich, viele unterschiedliche Teilchen ergeben ein Ganzes.

Jedes Bundesland betreibt seine eigene Schulpolitik. Für die Koordination der Bildungspolitik in Deutschland ist die Kultusministerkonferenz zuständig. In diesem Gremium, man nennt es ausführlich die Ständige Konferenz der Kultusminister der Länder, bemühen sich die Landesminister und -ministerinnen mit den Senatorinnen und Senatoren der Stadtstaaten um möglichst viel Einigung in der Schulpolitik in Deutschland. Warum schafft man dieses Verwaltungsmonstrum nicht einfach ab? Viele verfluchen die Kleinstaaterei im deutschen Schulsystem. So hat die Kultusministerkonferenz beim Wahlvolk keinen leichten Stand. Das Gremium gilt als Verein der Bremser, auf innovative Ideen und deren Umsetzung kann man sich nicht einigen. Die Kritiker des Gremiums haben nicht einmal unrecht. Soll ein Beschluss für alle Länder gelten, dann müssen sich auch alle 16 Bundesländer einig sein.

Deutschland wäre mit einem zentralisierten Schulsystem besser bedient, sagen viele. Wir brauchen mehr Vereinheitlichung, kurze Wege, schnelle Entscheidungen. Man muss sich einmal vorstellen: Wir sprechen von einer pfälzischen oder saarländischen Bildungspolitik. Das hört sich sehr provinziell an und lässt kaum vermuten, dass wir eigentlich über das deutsche Schulsystem sprechen. Eine einheitliche Schulpolitik in Deutschland unter der Hoheit eines Bundeskulturministeriums wäre doch effektiver. Dann wäre die Chance von Laras Kindern, die Schule trotz eines Wohnortwechsels innerhalb Deutschlands erfolgreich zu durchlaufen, größer gewesen. Diese drei Kinder haben so aber eine beträchtliche Zeit ihres Lebens verschenkt.

Aus der Münchner Arche hören wir manchmal die Kinder sagen: »Kann ich nicht zu euch nach Berlin ziehen, um dort mein Abitur zu machen?« Ein 15-jähriges Mädchen aus dem Münchner Stadtteil Moosach weiter: »Ich habe gehört, in Berlin ist das Abitur nur eine Formsache.« So einfach ist der Schulabschluss sicherlich nicht zu bekommen, aber der Wunsch des Mädchens ist nicht ganz aus der Luft gegriffen.

Die Arche fordert ganz deutlich die Abschaffung des Föderalismus in der Schulpolitik und ein deutliches Mehr an Lehrkräften und anderem fachlich ausgebildeten Personal für alle Schulen in unserem Land. Nur wenn das Wirklichkeit wird, haben unsere Kinder die Chance auf ein erfolgreiches und unabhängiges Leben. Schnell folgt aus der Politik dann wieder die übliche Frage: »Wer soll das bezahlen?« Das Geld scheint doch da zu sein. Warum gibt der Staat sonst rund 600 000 € für ein ganzes Leben mit Hartz IV aus beziehungsweise warum ist er in der Lage, es zu tun? Dieser enorme Betrag, den der Steuerzahler aufzubringen hat, wäre an anderer Stelle doch gut investiertes Geld: im Bildungssystem.

Geschichten aus der Arche an der Mozartschule in Berlin - Chantal

Als Chantal das erste Mal zu uns in die Arche an der Mozartschule in Berlin-Hellersdorf kam, ging sie in die fünfte Klasse. Ein Schulkamerad hatte sie eingeladen. Freunde hatte sie zu dieser Zeit nicht viele, denn sie wurde von ihren Mitschülern gemobbt. Warum das so war, erfuhren wir zunächst nicht. Es lag wohl an ihrem stillen Wesen und vor allem an ihrem Namen. »Das ist ein Hartz-IV-Name, ein Losername«, riefen ihr viele ihrer Klassenkameraden hinterher. Auch zu Hause war es für Chantal schwierig, da ihre Mutter ohne Perspektive arbeitslos und depressiv war und der kleinen Schwester mehr Aufmerksamkeit widmete als ihr. Ihr Vater, zu dem sie eine gute Beziehung hatte, musste viel arbeiten und war in der Folge wenig da. Ohne einen Hortvertrag und in ihrer Position als Außenseiterin brauchte sie einen Ort, an dem sie nachmittags sein konnte und geschützt war. In die Arche gingen zu dieser Zeit jedoch auch einige der Mitschüler, die Chantal mobbten. Doch anders als vorher wurde hier für Chantal gekämpft: Mit konsequentem Einschreiten gegen die verletzenden Sprüche und vielen Gesprächen mit ihr und ihren Mitschülern bemühten sich die Arche-Mitarbeiter um Schutz für sie. Und Chantal blieb. Dabei war sie anfangs sehr verschlossen und still. In der Regel saß sie alleine an einem Tisch, redete und spielte nicht und reagierte nur dann, wenn sie von einem Mitarbeiter der Arche angesprochen wurde. Mit der Zeit wurde sie offener, und durch gemeinsames Lernen nebst Hausaufgabenbetreuung konnte sie ihre Noten in den folgenden zwei Jahren verbessern und mit Beginn der siebten Klasse auf ein Gymnasium wechseln.

Auch nach dem Schulwechsel kam Chantal weiter regelmäßig zu uns und nahm an Aktionen und Feriencamps teil. Die Arche wurde wie eine zweite Familie für sie. Auf einem dieser Camps kam sie am letzten Tag zu einem Mitarbeiter und ließ einen Damm aufgestauter Emotionen brechen: Sie erzählte, dass sie auf ihr Leben und die Umstände keinen Bock mehr habe. Sie hatte körperlich stark abgebaut, der Vater habe keine Zeit mehr für sie, die Mutter mache ihr nur Vorschriften, sei unzufrieden und depressiv. Ihre große Schwester, mit der sie sich gut verstanden hatte, war ausgezogen und in der Schule lief es auch schlecht. Die Arche Mitarbeiter sprachen mit ihr und trösteten sie. Gemeinsam überlegten sie, an welchen Punkten positive Veränderungen geschafft werden konnten. Chantal konnte den Mitarbeitern vertrauen und nutzte nun ihre Zeit in der Arche, um etwas Abstand von zu Hause zu gewinnen und sich abzulenken. Sie ließ sich auf freundschaftliche Beziehungen zu Mitarbeitern und anderen Kindern ein und begann, sich Ziele für die Zukunft zu setzen. Schnell konnte sie die emotionale Krise überwinden, neuen Mut und Lebensfreude fassen.

Heute ist Chantal in der elften Klasse und steht vor dem Abitur. Sie wird im kommenden Jahr die Erste in ihrer Familie sein, die diesen Schulabschluss erreicht. Neben der Schule macht sie Kampfsport auf hohem Niveau und verfolgt dabei ehrgeizige Ziele. Sie kommt weiterhin in die Arche, wenn ihr Stundenplan dies zulässt. Hier bekommt sie Unterstützung und Aufmerksamkeit, übernimmt inzwischen selbstbewusst Verantwortung und ist zum Vorbild für die anderen Kinder in der Arche geworden. Sie sagt dazu: »Die Arche ist für mich ein zweites Zuhause«, und: »Ohne die Arche wäre ich nicht da, wo ich jetzt bin.« Die Zeit als Außenseiterin ist vorbei.

Daniel

Daniel brauchte einen Ausweg. Vor seinem älteren Bruder hatte er Angst, denn der war oft aggressiv und schlug Daniel. Von seinem Vater konnte er keine Hilfe erwarten, der hatte keinerlei Interesse und keinen Kontakt zu ihm. Alleine mit den Jungs und deren Problemen war Daniels Mutter oftmals überfordert und litt zudem unter Depressionen. Dazu kam, dass sie öfter krank oder ohne Job war. Es war immer wenig Geld da, gerade für Freizeitaktivitäten der Familie.

Von einer Freundin eingeladen, kam Daniel zu dieser Zeit das erste Mal in die Arche. Die wollte er sich anschauen, um gegebenenfalls seine Mutter zu entlasten. Hätte er einen Ort, wo er seine Freizeit verbringen konnte, gäbe es zu Hause weniger Konflikte und Geld würde auch gespart. In der Arche fand er diesen Ort. Die Möglichkeit, vielfältige Freizeitangebote wahrzunehmen, die der Familie wegen finanzieller Not oft nicht offenstanden, war anfangs Grund genug, zu uns zu kommen.

Dabei war Daniel schüchtern und in sich gekehrt. Im Umgang mit ihm war zu spüren, wie sehr ihn die Ablehnung seines Vaters belastete: Er versuchte stets, durch Leistung und gutes Verhalten die Anerkennung der Mitarbeiter zu gewinnen, besonders der männlichen. Über Gefühle oder persönliche Dinge zu reden, fiel ihm sehr schwer. Doch die Anerkennung und der Schutz, die er vonseiten der Mitarbeiter im Alltag erleben konnte, halfen ihm zusehends, sich auch auf andere Kinder einzulassen und Freundschaften zu schließen.

Das ausgeprägte Verantwortungsbewusstsein, das Daniel dazu gebracht hatte, seine Familie durch seine Abwesenheit zu entlasten, blühte in der Folge weiter auf. Daniel entwickelte sich zum Vorbild für die anderen Kinder. In der achten Klasse konnte er auf ein Gymnasium wechseln und strebt nun das Abitur an. Doch mehr noch als durch seine schulischen Leistungen beeindruckt er die anderen Kinder inzwischen mit seiner Art: Einmal nach positiven Vorbildern gefragt, nannten viele der Jungs in der Arche Daniels Namen!

Boris

Boris brauchte Grenzen. Denn Boris war nicht nur groß und sportlich, er war auch oft wütend. Und wenn er wütend wurde, wurde er aggressiv, rastete aus, schlug die Leute um sich herum. Schon kleinste Kleinigkeiten machten ihn unkontrollierbar aggressiv. Er besaß eine feine Sinneswahrnehmung und hatte gleichzeitig eine niedrige Reiztoleranz. Waren also beispielsweise »zu viele« Menschen in einem Raum oder war es in seiner Wahrnehmung zu laut, dann konnte man damit rechnen, dass Boris explodieren würde.

Das hatte natürlich Einfluss auf seinen Status und seine Leistungen in der Schule – Boris war ein *troublemaker* und konnte die Aussicht auf einen Abschluss und eine berufliche Perspektive praktisch vergessen. Und dabei war die Situation in der Schule im Grunde eher die Spitze des

Eisbergs: Zu Hause litten Mutter und jüngere Geschwister unter seinen häufigen Ausrastern und Gewaltausbrüchen, denn ein Vater, der ein Gegenüber für Boris dargestellt hätte, war nicht anwesend. Der hatte sich beizeiten aus dem Staub gemacht und zeigte kein Interesse an der Familie oder am Umgang mit Boris und seinen Geschwistern. Seine Mutter war mit der Intensität von Boris' unbeherrschtem Wesen überfordert und konnte die Herausforderungen für Boris und die Familie weder nachhaltig entspannen noch lösen.

Als Boris in die Arche kam, brachte er seine ganze Aggressionsproblematik mit und forderte die Mitarbeiter heraus. Doch durch Training, klare Regeln und Konsequenzen, vor allem aber durch Gespräche und Beziehung lernte Boris mit der Zeit, besser mit seinen Emotionen umzugehen. Er brauchte einen starken Konfliktpartner, der ihm mit Respekt und Wertschätzung begegnete, an dem aber kein Vorbeikommen war, wenn er sich über Regeln hinwegsetzte. Diesen Partner hat Boris in jedem Mitarbeiter bekommen und angenommen.

Einmal hatte Boris zum Beispiel aus Spaß unbemerkt ein kleines Spielzeug eines anderen

Kindes an sich und mit nach Hause genommen. Durch einige Recherchen konnten die Mitarbeiter herausfinden, dass Boris dafür verantwortlich war. Der stritt jedoch alles ab und zeigte sich nicht bereit einzulenken. Auch im Gespräch mit der Mutter und ihm gemeinsam gab er seine Beteiligung nicht zu, verstrickte sich jedoch in zwei voneinander abweichende Versionen seiner Geschichte. Es war klar, dass nur er das Spielzeug entwendet haben konnte. Trotzdem stellte sich die Mutter aus Angst vor seiner Reaktion auf seine Seite. Um den Konflikt aber zu lösen, musste der Mitarbeiter hart bleiben und klar die Konsequenzen von Boris' Verhalten herausstellen. Der nahm diese vorerst in Kauf. Doch nach etwa einer Woche bat Boris dann um ein Gespräch, in dem er sich klar entschuldigte und ein neues Spielzeug zurückgab. Ohne die Beharrlichkeit, Liebe und Strenge hätte Boris kein Gegenüber gehabt, das mit ihm die Situation durchgekämpft und ihm klar seine Grenzen aufgezeigt hätte.

Solche gemeinsamen Erlebnisse wirkten sich auch auf Boris' Gesamtsituation aus: Durch Gespräche zusammen mit Boris' Mutter und materielle Hilfe konnte die angespannte Situation in der Familie auch von anderen Seiten her angegangen werden. Und Boris bekam auch in der Schule wieder eine Perspektive: Nach einiger Überzeugungsarbeit nutzte er die Möglichkeit, in der Arche für die Schule und Prüfungen zu lernen. Er schaffte seinen erweiterten Hauptschulabschluss und machte danach ein Freiwilliges Soziales Jahr. Inzwischen arbeitet er und ist zufrieden mit seinem Job. Immer noch besucht er die Arche von Zeit zu Zeit, um von seinem Alltag zu berichten.

Die Rolle der Schulen in privater Trägerschaft

Ein großer Teil der deutschen Familien würde die eigenen Kinder auf eine Schule in privater Trägerschaft schicken, wenn die Familien denn das Geld dafür hätten. Das Vertrauen in die staatlichen Schulen ist nicht groß, von ihren Qualitäten ist man nicht überzeugt. In der öffentlichen Wahrnehmung gelten Privatschulen vor allem als Schulen der wohlhabenden Elite unseres Landes.

Das entspricht aber nicht der Realität. Die Motive der Eltern, eine private Schule für ihre Kinder zu wählen, unterscheiden sich. Allerdings erleben Privatschulen in Deutschland derzeit einen Boom, ihr Anteil an den allgemeinbildenden Schulen hat sich in den letzten zwei Jahrzehnten mehr als verdoppelt. Für viele Eltern sind sie eine

Alternative zu den staatlichen Schulen, wenn es um das Aufwachsen und die Bildung ihrer Kinder geht. Zu den privaten Ersatzschulen gehören unter anderem Waldorfschulen sowie Einrichtungen in evangelischer und katholischer Trägerschaft.

Vor mehr als zehn Jahren eröffnete die Arche gemeinsam mit einem privaten Träger eine private Schule in Berlin – damals trug sie den Namen »Arche-Grundschule«, heute ist es die »Sabine-Ball-Schule«. Diese Schule besuchen viele Arche-Kinder, aber auch Kinder aus dem Bildungsbürgertum. Wir wollten Kindern aus bildungsfernen Familien ermöglichen, eine Schule zu besuchen, die auf ihre Lebenssituation eingeht, in der Kinder aus unterschiedlichen Bevölkerungsschichten zusammenkommen und die in einer angenehmen Lernatmosphäre Bildung vermittelt. Das funktioniert bis heute. Die Arche unterstützte die Schule anfänglich finanziell und stellte so sicher, dass die Schulgebühr für einige Kinder aus sozial schwachen Familien, die zwischen etwa 100 und 300 € monatlich betrug, aus dem dafür eingerichteten Fonds getragen werden konnten.

Private Schulen erheben für den Besuch eigentlich relativ geringe monatliche Gebühren.

Vielen der Schulen kommt es nur auf die Leistungsbereitschaft der Kinder an, die muss natürlich überdurchschnittlich stark vorhanden sein. Für einige dieser Lerninstitute ist es wichtig, dass sich in den Klassen der Durchschnitt der Bevölkerung widerspiegelt. Der Anteil der Kinder mit Migrationshintergrund muss konform gehen mit dem in unserem Land. Das eine oder andere Kind mit Fluchterfahrung wird von manchen Privatschulen aufgenommen. Dabei ist es wichtig, dass die Aufteilung der Kinder mit unterschiedlichen Lebenserfahrungen in einem gesunden Verhältnis steht. Dem Management der Schulen in privater Trägerschaft liegt es am Herzen, keine Gettoschulen entstehen zu lassen und alle Kinder gleich fördern zu können. So sollte es eigentlich an allen Schulen sein. Natürlich gibt es auch private Schulen, die nur Kindern wohlhabender Eltern den Besuch ermöglichen, wo also der Geldbeutel der Eltern über die Aufnahme entscheidet. Aber von diesen Schulen gibt es in Deutschland nur wenige.

Brennpunktschulen – muss das sein?

Warum gibt es in deutschen Großstädten Schulen mit einer Migrantenquote von mehr als 50 Prozent? Dort ist die Mischung nicht mehr ausgeglichen, die Zusammensetzung der Gruppe gefährdet das gesunde Heranwachsen der Kinder. Die Lehrkräfte unterrichten auf einem Pulverfass sitzend. In einer Grundschule in Hamburg liegt der Ausländeranteil bei 98,2 Prozent und damit auf bundesdeutschem Rekordniveau. Unter den 170 Schülern dieser Schule in Hamburg-Billbrook befinden sich noch genau drei deutsche Kinder. In den Klassenzimmern wird die deutsche Sprache als Fremdsprache gelehrt. Es ist eine Schule, in der mehr Unterricht ausfällt, als gehalten wird. Warum kann so etwas überhaupt sein? Hier – wie auch an anderen Schulen und in anderen Städten – »mogeln« immer mehr Eltern ihre

Kinder auf die »richtige« Grundschule mit einem geringen Ausländeranteil. Einige Schulen verlieren zunehmend Schüler, die eigentlich in dieser Schule angemeldet werden müssten. Es kommt automatisch zur Entmischung. Und die Behörden schauen fast immer weg und haben sogar Verständnis. Das Ergebnis: Immer mehr Schulen verkommen zu Brennpunktschulen. Das muss nicht sein und könnte anders gesteuert werden.

Brennpunktschulen mehr finanzielle Unterstützung zukommen zu lassen, wäre eine Möglichkeit. Geschieht teilweise auch. Lehrkräfte an diesen Schulen besser zu bezahlen, wäre eine andere Möglichkeit. Aber die Brennpunktschule würde als solche immer noch existieren. Hier werden nur die Symptome behandelt, nicht aber die Ursachen.

Eigentlich müsste man doch nur so verfahren wie an den privaten Schulen. Nehmen wir Berlin, wo die Anzahl der Brennpunktschulen besonders hoch ist. Warum werden die Berliner Kinder nicht systematisch gleichmäßig, gemessen am Bevölkerungsschnitt, auf alle Berliner Schulen verteilt? Damit hätten wir einen Schülerschlüssel wie in den Schulen in privater Trägerschaft. Salopp gesagt, wäre so in jeder Klasse jede Lebensform unter den Kindern vertreten. Auch wenn die Fahrwege für einige Kinder länger wären, das wäre doch nicht das Problem. Oder zumindest nur ein Problem, das lösbar wäre.

Wenn wir schon bei diesem Thema sind: Die Tickets der Nahverkehrsbetriebe, in Berlin also die der BVG, sollten für alle Schüler kostenlos sein. Das würde die Kinder in ihrer Bewegungsfreiheit, sprich beim Erwerb von Wissen in Form von Besuchen kultureller Einrichtungen, enorm unterstützen. Ebenfalls würde die Versorgung der Schüler und Schülerinnen mit kostenlosem Essen, vom Frühstück bis hin zur Versorgung am Nachmittag, die Chancengleichheit stärken und für eine bessere Ausgangslage, sprich verbesserte Konzentration, der betroffenen Kinder sorgen. Einfache Lösungen für gravierende Probleme – man muss sie nur wollen. Aber anstatt so zu handeln, schicken viele Politiker auch in Berlin ihre Kinder lieber auf eine private Schule. Im Jahr 2006 sagte der damalige Regierende Bürgermeister von Berlin, Klaus Wowereit, über die Schulsituation im Problembezirk Neukölln: »Ich kann auch jeden verstehen, der sagt, dass er da seine Kinder nicht hinschickt.« Seitdem sind mehr als zwölf Jahre vergangen, und was hat sich verändert? Nichts! Es ist eher noch schlimmer geworden. Hier haben bis heute alle Berliner Politiker versagt.

Kinder mit Fluchterfahrung

Die Fehler, die in früheren Jahren bei der Integration der Kinder aus Familien mit Migrationshintergrund gemacht wurden, werden jetzt mit den Kindern und ihren Familien wiederholt, die aus Kriegsgebieten flüchten und in unserem Land Heimat und Schutz suchen. In fast allen Städten werden Kinder mit Fluchterfahrung ungleich auf Schulen verteilt. Sozial belastete Gebiete sind überproportional von der Aufnahme dieser Kinder betroffen. Stadtteilschulen mehr als Gymnasien. Man hat also aus den Fehlern der Vergangenheit nichts gelernt. Wenn wir alle in Deutschland im Sinne unserer Kinder etwas zum Positiven verändern wollen, dann sollten wir heute damit anfangen.

Bildung und Integration: Über die Konzeptlosigkeit an unseren Schulen

In keiner anderen Industrienation haben Kinder und Jugendliche mit Migrationshintergrund oder aus einkommensschwächeren Familien eine so geringe Chance auf einen guten Schulabschluss wie in Deutschland. Das ist keine haltlose Behauptung, sondern bereits seit dem Jahr 2000 mit den schockierenden Ergebnissen der PISA-Studie, des Programms zur internationalen Schülerbewertung, belegt. Besonders auffällig ist der Zusammenhang zwischen sozialer Herkunft und schulischem Erfolg. Bereits 1971 warnte der französische Wissenschaftler Pierre Bourdieu vor der selektiven Wirkung von Schulen. Laut Bourdieu ahme Schule im Wesentlichen die sozialen Hierarchien der Gesellschaft nach und bestätige somit die bestehende soziale Ordnung. Soll aber nicht gerade die Schule der Ort sein, an dem Kinder und Jugendliche in Chancengleichheit aufwachsen und die gleichen Lebenschancen vermittelt bekommen? Was leistet Schule heute, um die enorme Kluft der bestehenden ungleichen Bildungschancen zwischen Kindern aus besser gestellten Familien und Kindern aus bildungsfernen oder neu zugewanderten Familien zu überwinden? Was lernen Kinder wirklich in der Schule? Was befähigt sie am Ende ihrer Schullaufbahn, selbstbestimmt am gesellschaftlichen Leben teilzuhaben?

Wir als Arche sind davon überzeugt, dass jeder Mensch Liebe, Würde und eine Perspektive braucht, um all die Fähigkeiten zu aktivieren, die in ihm stecken. Mit dem Recht auf Bildung als Voraussetzung gesellschaftlicher und sozialer Teilhabe sollten diese Grundwerte für jeden Einzelnen garantiert sein. Gerade Kinder in ihrer Einzigartigkeit und ihrem unstillbaren Wissensdurst bedürfen unserer besonderen Aufmerksamkeit. Lehrkräfte sollen die Potenziale in den Kindern erkennen, sollen fördern und Zukunftsperspektiven aufzeigen. Gleichzeitig stehen sie aber zum Beispiel der bestehenden schulischen Realität strukturell bedingter Perspektivlosigkeit von Schülern und Schülerinnen mit Fluchterfahrung gegenüber.

So wie Schule heute strukturiert ist, trägt sie dazu bei, dass die Starken gestärkt und die Schwachen geschwächt werden. Doch eine individuelle Förderung und Ermöglichung von Perspektiven muss für alle Kinder und Jugendlichen zugänglich sein. Davon scheint das gegenwärtige Bildungssystem, nicht zuletzt aufgrund der längst überholten föderalen Organisation – gemeint sind Hoheit und Eigenständigkeit der Bundesländer in bildungspolitischen Fragen und die damit verbundene Trägheit für bundesweite Strukturänderungen –, weit entfernt zu sein. Die Schule bleibt eine Selektionsanstalt und wird damit den Ansprüchen der heutigen Gesellschaft und den gegenwärtigen Bedürfnissen der Kinder und Jugendlichen kaum gerecht.

Viele der Kinder, die die Arche besuchen, haben Ziele und Hoffnung auf eine gute Zukunft. Sie kommen allzu oft aus herausfordernden Lebenswelten und haben selten echte Vorbilder, die sie unterstützen und an sie glauben. Diese

Kinder haben es auch im System Schule besonders schwer. Eine Möglichkeit, gegen die Gefahr des Abgehängtwerdens anzukämpfen, ist die Teilnahme an unserer regelmäßigen außerschulischen Nachhilfe. So kommen seit einiger Zeit vermehrt Kinder, die neu in Deutschland sind, zu uns in die Arche. Sie benötigen Unterstützung beim Erlernen der deutschen Sprache und suchen sozialen Anschluss. Deshalb fragen wir uns mehr denn je, auf welchem Weg Schule diesen Kindern Entwicklung und Perspektive ermöglicht. Welche Integrationskonzepte existieren und wie sieht es mit der praktischen Umsetzung aus?

Nehmen wir also ganz konkret die Lebenswelt der Kinder mit Fluchterfahrung in den Blick, um zu umreißen, welchen Rahmenbedingungen diese Kinder in ihren unterschiedlichen Lebenswirklichkeiten ausgesetzt sind und wie die Schule darauf reagiert, um diese zu berücksichtigen und Teilhabe zu ermöglichen.

»Menschen mit Fluchterfahrung« meint weltweit jene Menschen, denen es aufgrund von Krieg, Verfolgung und sonstigen Formen der Menschenrechtsverletzung sowie angetrieben von Hoffnung auf ein sicheres Leben gelang, zu fliehen, um woanders neu Fuß zu fassen. Die meisten

Geflüchteten halten sich im eigenen Herkunftsland in anliegenden Regionen auf, wir sprechen hier von den Binnenvertriebenen. Einigen gelingt die Flucht in ein Nachbarland wie Pakistan, Libanon, Türkei oder Iran. Die wenigsten Flüchtlinge schaffen es im weltweiten Vergleich nach Europa, wobei einen erheblichen Teil darunter Kinder ausmachen. Menschen mit Fluchterfahrung in Deutschland stellen weiterhin einen extrem geringen Teil der Gesamtbevölkerung dar, so sagen es aktuelle Zahlen aus dem Bundesamt für Migration und Flüchtlinge. Sie werden aber in den Medien stark in den Fokus gerückt. Das verzerrt das realistische Bild – vor allem in der Relation zur Gesamteinwohnerzahl – erheblich.

Trotz alledem ist der Zuwachs von Kindern und Jugendlichen im schulpflichtigen Alter an Schulen deutlich in der Schulpraxis spürbar. Es wird viel von einer Überforderung der Schulen mit der Aufgabe der Integration geflüchteter Kinder berichtet. Hierfür scheint es verschiedene Gründe zu geben, wie den Mangel funktionierender Eingliederungskonzepte und die Unterschiedlichkeit jeweils wenig konkreter Leitlinien, die je nach Bundesland, Schultyp und Lehrkraft andersartig ausgestaltet werden. Es fehlt flächendeckend an nachhaltiger Konzeptentwicklung, an Einheitlichkeit der Durchführung bestehender Ansätze, an gezielter Weiterbildung des Schulpersonals, an Flexibilität, vor allem aber am Blick für das Kind selbst statt allein auf seinen Status aufgrund der Fluchterfahrung.

Die Arche arbeitet eng mit Schulen und Lehrkräften zusammen, was uns die Möglichkeit bietet, einen Einblick in den Umgang mit dem Gefühl der Überforderung zu erhalten. Nach vielen bundesweit geführten Gesprächen mit Lehrkräften aus Regel- und Willkommensklassen, Sozialarbeitern und Sozialarbeiterinnen, Ehrenamtlichen und Schulverantwortlichen erleben wir vermehrt Frustration seitens des Lehrpersonals trotz eines nicht selten hohen Maßes an Einsatz und Engagement für die Neuankömmlinge. Woran liegt es also, dass viele Lehrkräfte sich nahezu außerstande fühlen, Schüler und Schülerinnen dort abzuholen, wo sie sind?

In der Praxis sieht das so aus: Die Schwierigkeiten beginnen mit den Hürden der Anmeldung eines schulpflichtigen Kindes mit Fluchterfahrung über Schulbehörden und

Koordinierungsstellen. Die Schulplatzzuweisung verläuft häufig mit sehr langen Wartezeiten, und sobald ein Kind aus der Erstaufnahme in eine Folgeunterkunft umzieht, beginnen die bürokratischen Prozesse erneut. Die Kinder müssen sich permanent neu an ihre Umgebung anpassen und kommen nur schwer zur Ruhe. Dabei brauchen sie gerade in dieser Umbruchphase Struktur und Stabilität, um sich neu zu orientieren und einzurichten. Auch bleiben die prekären Bedingungen der Unterbringung eine Zumutung und bieten kein förderndes Lernumfeld. Einige Kinder warten unter diesen Verhältnissen vergeblich auf Post vom Schulamt. Als Begründung für erhebliche Wartezeiten wird seitens der öffentlichen Stellen die schlechte Kalkulierbarkeit von Neuankömmlingen angegeben, weswegen sich die Zuweisung in Klassen schlecht planen lasse. Dies hat zur Folge, dass nicht selten Kinder lediglich in ihrer Massenunterkunft stundenweise Unterricht erhalten, der keinesfalls die Schule ersetzt. Ist es schließlich doch geschafft, und einem Kind wurde ein Schulplatz zugewiesen, wird es oft im laufenden Schuljahr zu irgendeinem Zeitpunkt, nicht, wie das System es vorsieht, zu einem festen Schulbeginn, in die Schule aufgenommen.

Die Kinder kommen in unterschiedlichem Alter, mit verschiedenen Vorerfahrungen, Sprachkenntnissen, Alphabetisierungsgraden, Fähigkeiten und Persönlichkeiten, werden aber alle zusammengefasst zur »Gruppe der Flüchtlingskinder«.

In der Praxis findet die Beschulung dann weitestgehend separiert in einer Willkommens- oder Sprachlernklasse statt. Diese Klassen sind oft nicht einmal im Schulgebäude, sondern in umliegenden Gebäuden untergebracht. Es gibt kaum Kontakt zu Kindern aus den Regelklassen, und wenn, dann spielt leider auch oftmals mit gegenseitigen Vorurteilen belastete Fremdenangst eine Rolle, die die Kinder teilweise aus ihrem Umfeld erlernt haben. Fragt man Kinder mit Fluchterfahrung direkt nach ihren Wünschen, dann ist vermehrt die Antwort, einen deutschen Freund zum Spielen zu finden. Sie möchten dazugehören.

Die Situation der separaten Beschulung in Willkommensklassen und der damit verbundene geringe Kontakt zu anderen Schülern und Schülerinnen soll maximal ein Jahr andauern, wobei der tatsächliche Verlauf wie auch der Unterrichtsinhalt dieser Klassen weitestgehend ungeregelt ist. Zumindest der Sport- und

Kunstunterricht sollte in einer zugewiesenen Regelklasse absolviert werden. Dies ist jedoch nicht frei von weiteren Ausgrenzungserfahrungen und Konflikten, aber auch unbedingt abhängig von der Bereitschaft zur Zusammenarbeit der jeweiligen Fachlehrer. Der Stellenwert der Integration der Willkommensschüler ist von Schule zu Schule und von Person zu Person unterschiedlich.

Meist konzentriert man sich bei der Beschulung von Neuankömmlingen lediglich auf das Defizit, die nicht vorhandenen Deutschkenntnisse, und das Erlernen der deutschen Sprache wird als Hauptaufgabe verfolgt. Nicht berücksichtigt werden dabei oft die bisherigen Kenntnisse, vor allem bezüglich vorhandener Mehrsprachigkeit. Hierzu bestehen bereits erfolgreiche sprachdidaktische Konzepte aus anderen europäischen Ländern.

Eine ressourcenorientierte Perspektive, durch die Kinder mit Fluchterfahrung als angehende Deutsch- beziehungsweise Mehrsprachige wahrgenommen werden, würde die Perspektive von den Schwächen auf die Stärken umlenken. Da die Fachsprache in den Schulen höchst differenziert ist, müsste darauf in den Willkommensklassen viel besser vorbereitet werden, jedoch reichen die Unterrichtsthemen meist nicht über das Erlernen der Alltagssprache hinaus. Laut Erfahrungsberichten erhöhen das oft hochgradig unterschiedliche Sprachniveau, die Vielzahl verschiedener Herkünfte, vor allem aber die unterschiedlichen Altersgruppen das Konfliktpotenzial.

Somit kann es zu vielen Störungen kommen, was natürlich auch zulasten des Lernumfangs geht, die Lehrkräfte zusätzlich fordert und den Kindern kein harmonisches Lernumfeld bietet. Das komplette Bündel an Unterschiedlichkeit, der Mangel an fachlicher Vorbereitung der Lehrperson im Umgang mit diesen unterschiedlichen Bedürfnissen bis hin zu fehlenden Unterrichtskonzepten machen es einer einzelnen Lehrkraft geradezu unmöglich, vor einer Klasse mit 18 Schülern und Schülerinnen zu unterrichten, in der beispielsweise Kurden, Syrer, Perser, Afghanen, Rumänen, Eritreer, Guineer und Kenianer zusammen sitzen. Zumal meist keine staatlich geprüften Lehrkräfte, sondern Quereinsteiger einspringen, um die Beschulung dieser Kinder zu sichern. Selbst eine stundenweise pädagogische Unterstützung kann da bei Weitem nicht ausgleichen, was von vornherein nicht nachhaltig konzipiert wurde.

Doch nicht nur bei der Sprachentwicklung gehen die Kompetenzen der Lernenden stark auseinander. Es werden in den Willkommensklassen Kinder zusammengewürfelt, die vieles an Vorerfahrung mitbringen und ein enormes Lerntempo aufweisen. Für sie hat der eigene Lernzuwachs einen ungemein hohen Stellenwert, und sie wissen genau, wie wichtig die Schule für sie ist: Bildung ist ihre einzige Chance auf eine gesicherte Zukunft in einem Land, das ihre neue Heimat werden soll. Dabei können die Ambitionen so weit gehen, dass auch deutsche Regelschüler in ihrer Lerngeschwindigkeit »überholt« werden.

Dem gegenüber stehen aber auch Kinder, die auf ihrer Flucht jahrelang in einem Lager lebten, beispielsweise in der Türkei, bisher absolut keine Schulbildung erhalten und somit nie eine Schule von innen gesehen haben. Ihnen fehlt es mitunter an wichtigen Voraussetzungen, wie motorischen Fähigkeiten für den sicheren Umgang mit einer Schere. Hinzu kommen Aufmerksamkeits- und Konzentrationsschwierigkeiten, was zielstrebiges und fokussiertes Arbeiten bedingt. Die Anforderungen der deutschen »Schulfähigkeit« sind vielfältig und setzen unter anderem Selbstständigkeit beim alleinigen Verrichten alltäglicher Aufgaben, Kooperationsfähigkeit für ein gemeinsames Spielen und Arbeiten oder konstruktives Konfliktverhalten zum Lösen von Streit und Wiedergutmachung voraus. Die oftmals traumatischen Erlebnisse der Kinder mit Fluchterfahrung, fehlende Sicherheit und Orientierung, die als Grundlage der Entwicklung einer stabilen Identität erforderlich sind, und natürlich die genannte Vielfalt der ethnischen und kulturellen Hintergründe der Kinder, die in den Klassen aufeinandertreffen, machen es mitunter sehr schwer, diese Anforderungen zu erfüllen. In diesen Fällen berichten Lehrkräfte oft von Enttäuschung seitens der Neuankömmlinge, da sie trotz stark lückenhafter Sprachkenntnisse oder anderer weniger ausgeprägter Kompetenzen in Regelklassen gesteckt werden und hier erwartungsgemäß überfordert sind. Werden zum Beispiel Arbeitsaufträge wie »beschreibe«, »benenne«, »begründe« und Ähnliches nicht verstanden, macht es eine Teilnahme am Unterricht oft unmöglich. Kann das Kind mit Fluchterfahrung die Aufgabe aufgrund fehlender Grundkenntnisse von Formen, Farben oder Zahlen nicht lösen, ist Enttäuschung oder Missmut vorprogrammiert.

Ein weiterer bedenklicher Punkt ist der Umgang mit Sekundarschülern mit Fluchterfahrung ab 16 Jahren: Diese werden in der Regel gar nicht erst in die bestehenden Regelklassen aufgenommen und häufig ohne Abschluss und Perspektive entlassen. Einige kommen immerhin auf ein Oberstufenzentrum, wo sie für private Berufsqualifizierungslehrgänge abgeworben werden können. Sie haben jedoch nie die Chance erhalten, sich in einer Regelklasse zu integrieren, damit Kontakt und Freundschaften zu deutschen Jugendlichen aufzubauen und sich gesellschaftlich einzugliedern. Sie werden schlichtweg ausgeschlossen.

So stehen auf der einen Seite Forderungen nach konsequent gemeinsamer Beschulung im Raum. Und auf der anderen Seite befinden sich die abwinkenden Regelklassenlehrkräfte, deren Klassen voll sind, altershomogen bleiben sollen und die sich mit der Aufgabe der Eingliederung offenkundig überfordert fühlen. Und nicht zuletzt sind da die teilweise frustrierten Kinder und Jugendlichen, die aufgrund sprachlicher oder anderer Barrieren schneller inhaltlich abgehängt sind.

Doch was haben Schüler und Schülerinnen für Alternativen, wenn ihre Flucht zu lange dauerte und sie somit wertvolle Jahre der Schulbildung verloren haben? Wohin mit einem wissbegierigen, talentierten jungen Menschen mit Fluchterfahrung, der nach einem Jahr in der Vorbereitungsklasse sprachlich auf dem Stand eines Zwölfjährigen, aber eigentlich fünf Jahre älter ist als seine potenziellen Mitschüler? Die momentane Praxis scheint kaum Antworten auf diese Fragen zu geben. Es fehlt an einer klaren Linie, wie mit Kindern und Jugendlichen umgegangen wird, die nicht in das gegebene System passen.

Bei allem aber ist festzustellen, dass insbesondere die Haltung, mit der den Kindern und Jugendlichen begegnet wird, sie in ihrer selbstbestimmten Entwicklung einschränkt. Häufig ist spürbar, dass Kinder aus herausfordernden Familiensituationen oder eben mit eigener Fluchtbiografie als nicht aktiv gestaltende und kompetent handelnde Wesen wahrgenommen und gespiegelt werden, sondern eher als passiv, inkompetent und hilfsbedürftig. Diese Haltung lenkt von der eigentlichen Herausforderung ab, für alle Kinder und Jugendlichen den Zugang zum deutschen Bildungssystem und insbesondere zu Regelklassen zu ermöglichen. Die bestehende Heterogenität an unseren Schulen ist nicht neu, sie wird nur mit den Herausforderungen der Beschulung dieser Kinder besonders deutlich und transparent.

Die beschriebenen Unterschiede finden wir nicht allein in Willkommensklassen. Die Varianz innerhalb der sonstigen Schülerschaft darf ebenfalls nicht ignoriert werden. Gerade an Grundschulen treffen Kinder aus allen Lebenswelten aufeinander und die Lehrkraft hat selbst in der Regelklasse im Durchschnitt 32 sehr unterschiedliche Individuen vor sich. Wir haben es ja bereits beschrieben: Diese können mit einem Unterricht, wie er heute noch organisiert ist, keinesfalls in ihren individuellen Bedürfnissen und Interessen einzeln gefördert werden. Wenn die starre Struktur der altershomogenen Klassenzüge zugunsten von projektgebundenem, jahrgangsübergreifendem sowie fachübergreifendem Unterricht aufgelöst und für die erfolgreiche Umsetzung ein multidisziplinäres Team aus Lehrkräften, Pädagogen, Psychologen und Betreuern zusammenarbeiten würde, könnte eine Förderung für alle Schüler und Schülerinnen ermöglicht werden. Der Anspruch von Inklusion, nach dem Kinder in einem Bildungssystem mit oder ohne Behinderung oder jeder Form der Unterschiedlichkeit von Anfang an zusammen lernen, ist erfüllbar, wenn Lehrkräfte nicht mehr als Einzelkämpfer auftreten. Sie müssten kompetente Teams bilden, die zusammen tatsächlich das einzelne Kind in seiner Lebenswelt in den Fokus nehmen. Inklusion ist möglich, wenn Schule es schafft, sich von Klassenräumen und abgetrennten Fächern zu lösen und sich in einer neuen Form des gemeinsamen Lernens hin zu kompetenzorientierter Projektarbeit zu öffnen, wo Zeit für Beziehung, den Menschen in all seinen Bedürfnissen und Platz für die Berücksichtigung seiner Lebenswelt ist. Wir können es nur immer wieder betonen: Hierzu bedarf es der Aktivierung aller denkbaren Mittel. Es braucht einen erheblich höheren Einsatz von interkulturell geschulten Fachkräften, die angemessen bezahlt werden und ihre Arbeitszeit hauptsächlich in Interaktion mit den Kindern und weniger mit administrativen Aufgaben verbringen, sowie wesentlich mehr räumliche Kapazitäten, die sich nur durch massive Investition in den Bau neuer Schulen realisieren ließen. Schulgebäude, die im 19. Jahrhundert gebaut wurden, erfüllen nicht in Gänze die Bedarfe eines inklusiven Miteinanders von heute. All dies ließe sich nur verwirklichen, wenn die flächendeckende Konzeptlosigkeit im Umgang mit Unterschiedlichkeit ernst genommen und eine bundesweite Zusammenarbeit angestrebt würde, die die Ansprüche an gerechte Chancengleichheit für Kinder aus bildungsnahen und -fernen

Schichten anstrebt. Wenn Unterschiedlichkeit nicht mehr als Problem, sondern als Chance zum frühen Erlernen eines toleranten Miteinanders erkannt wird, dann profitiert die ganze Gesellschaft davon. Fremdenangst wird früh entgegengewirkt und positive Kontakterfahrungen können erlebt werden.

Am Ende ist, neben den Wissensinhalten des Fachunterrichts, vor allem doch die Kindergemeinschaft für alle Kinder, ungeachtet ihrer Herkunft, Religion, ihres Geschlechts, der körperlichen und psychischen Verfassung, zentral, damit sie sich frei und würdevoll zu selbstbestimmten Individuen entwickeln können. Sich selbst als Teil einer Gemeinschaft akzeptiert zu fühlen, positive Vorbilder und Freundschaften sowie Unterstützung beim Umgang mit Ärger und Wut fördern die sozialen Kompetenzen und beugen gewaltvollem Verhalten vor. Wenn Kinder zu Hause nicht lernen, sich in andere einzufühlen und konstruktive Wege zu finden, Konflikte zu lösen, dann könnte Schule ein wichtiger Ort sein, wo Kinder auf das Leben vorbereitet werden, indem sie nicht separiert und künstlich aufgeteilt, sondern gemeinschaftlich und individuell Selbstwirksamkeit erleben und eine Perspektive bekommen.

Es sind nicht die Kinder und ihre Lebensumstände, die es unmöglich machen, ein tolerantes und konstruktives Miteinander in den Schulen zu gestalten. Es ist nicht die einzelne Lehrkraft, die nicht weiß, wie sie parallel zum Regelsystem Schüler und Schülerinnen individuell fördern kann, und allein vor einer heterogenen Schülerschaft steht. Es ist das System Schule selbst, das es nicht schafft, umzudenken und flexibel auf die bestehenden Bedürfnisse der Schüler und Schülerinnen zu reagieren. In Deutschland finden wir einen starren Bildungsapparat vor, der keinen Raum für Abweichung und tatsächliche Inklusion zulässt. Er hält an dem sich selbst erhaltenden Prinzip der Gruppen, Jahrgänge und Klassen fest und versucht, das zusammenzufassen, was in sich unterschiedlich ist: unsere einzigartigen Kinder mit ihrem unstillbaren Wissensdurst, die dann nicht mehr so einzigartig und auch irgendwann nicht mehr so durstig sind. Eine zukunftsweisende Bildungspolitik ermöglicht allen Kindern den Zugang zu gemeinsamer Bildung, fördert das Selbstbewusstsein und die soziale Kompetenz, stiftet einen Dialog zwischen den Schülerinnen und Schülern über ihre Verschiedenheit und bietet allen die Chance, ihre Eigenschaften und Fähigkeiten weiterzuentwickeln.

Kinderrechte ins Grundgesetz

Verändern können wir im Sinne unserer Kinder nur dann etwas, wenn wir es endlich schaffen, Kinderrechte im Grundgesetz unterzubringen. Dann könnten Eltern klagen, wenn Schulen ihre Leistungen nicht mehr bringen, ihre Ziele verfehlen und das Wohl des Kindes aus dem Auge verlieren. Wenn Lehrer in einer Grundschule den Kindern beibringen müssen, wie man sich die Zähne putzt oder sich die Schuhe bindet, dann geht wertvolle Zeit verloren und das Vermitteln des Lehrstoffes gerät unter Druck. Ändern können wir das Ungleichgewicht und die Ungerechtigkeit nur, wenn wir rechtlich gegen solche Dinge vorgehen können. Bei Nichterfüllung des Lehrauftrages, wie immer dieser in der Zukunft aussehen soll, müssten infolgedessen die Schulen mehr Personal einstellen, um ihrem Auftrag gerecht zu werden. Weg vom Föderalismus und Kinder ins Grundgesetz! Dafür werden wir als Arche auch in Zukunft kämpfen.

Die Welt hat sich verändert, das Schulsystem existiert nach wie vor. Es bedarf vielleicht einer Revolution, um da etwas verändern zu wollen. Unvorstellbar, aber man soll die Hoffnung nicht aufgeben. Denn was ergibt es für einen Sinn, Kinder durch ein System zu boxen, in dem sie das verlieren, was später in der Arbeitswelt gebraucht wird: Eigenverantwortung und Leidenschaft.

Ich wusste gar nicht, dass so etwas in meinem Kopf ist

Der Berliner Schriftsteller und Arche-Freund Stephan Hähnel arbeitet seit vielen Jahren bundesweit an Schulen mit Kindern verschiedener Altersgruppen zusammen.

Seit fünf Jahren habe ich das Vergnügen, an Schulen kreative Schreibworkshops in den Klassenstufen vier bis sechs zu veranstalten. Bedarf für derartige Projekte gibt es in allen Bildungseinrichtungen, egal ob es sich um ein katholisches Gymnasium mit einer homogenen Schülerschaft handelt oder um eine Grundschule in einem sozial schwierigen Umfeld.

Das Projekt verfolgt die Idee, einen Vormittag lang den Schülern einer Klasse die Möglichkeit zu geben, mich als Schriftsteller und meine Arbeit kennenzulernen. Dabei lese ich zunächst aus eigenen Büchern und erarbeite mit den Schülern gemeinsam die Struktur und den Aufbau einer altersgerechten Geschichte am Beispiel des Grusel- oder Krimigenres.

Im zweiten Teil können die Schüler eigene Schreibideen zu Papier bringen und werden dabei tatkräftig von mir unterstützt. In einer angenehmen, kreativen und zielorientierten Atmosphäre entstehen regelmäßig spannende und verständliche Texte, zuweilen mit Gänsehautgarantie.

Am Ende des Vormittags stellen nacheinander alle Schüler ihre Geschichte vor, die dann gemeinsam in der Klasse analysiert wird. Besonders die Stärken, aber auch vermeidbare Schwächen sowie Anregungen, das Geschriebene weiterzuentwickeln, stehen dabei im Mittelpunkt.

In meiner Arbeit treffe ich neben kulturell gebildeten und behüteten Kindern oft auch solche, die aus bildungsdesinteressierten Elternhäusern oder aus Familien kommen, die als Migranten nicht oder noch nicht Fuß gefasst haben. Das Spektrum ist demnach vielfältig. Es bereitet mir dennoch großes Vergnügen, mit allen Kindern zusammenzuarbeiten, denn was ich regelmäßig an Kreativität, an Lust zu fabulieren und an Bereitschaft erlebe, die eigenen Möglichkeiten zu erweitern, bereichert auch mich.

Jeder Vormittag beginnt mit einer Fragerunde. Meist wollen die Schüler wissen, wie viele Bücher ich geschrieben habe, wie lange es dauert, bis eines fertig ist, ob man unendlich reich davon wird und warum ich Autor geworden bin. Meine Erklärung, dass es mein Traum war, Schriftsteller zu werden, und dass ich mir diesen erfüllt habe, wird oft mit Bewunderung und Genugtuung zur Kenntnis genommen. Sieh an, wenn man will, geht das!

Der Schwerpunkt des Workshops liegt auf dem Schreiben eigener Texte, wie es für die genannten Jahrgangsstufen auch der Lehrplan in vielen Bundesländern vorsieht. Als Schriftsteller ist es mir wichtig, die Schüler dort abzuholen, wo ihr Interesse liegt, und ihnen damit eine neue Tür zu öffnen. Grusel- und Krimigeschichten sind Genres, die von Kindern der angesprochenen Altersstufen gern angenommen werden und Garanten dafür sind, dass das Interesse und die Lust, sich selbst auszuprobieren, so groß sind, dass es keiner zusätzlichen Motivation bedarf.

Nachdem ich Passagen aus meinen Büchern vorgestellt habe und die Grundlagen für spannendes Schreiben besprochen wurden, ist der Wunsch, Eigenes zu Papier zu bringen, deutlich zu spüren. Sobald ich aber Regeln festlege, die da lauten, es wird kein Film, kein Buch und kein Computerspiel nacherzählt, kommt es regelmäßig zu erstaunten Gesichtern. Aufstöhnen, Verständnislosigkeit und flüsternde Verweise auf mein »beträchtliches« Alter – ich bin Mitte fünfzig – sind übliche Reaktionen. Die Frage »Was soll ich denn dann erzählen?« wird regelmäßig gestellt. Die Angebote der digitalen Welt zeigen ihre Wirkung. Wenn ich als Krönung auch noch verkünde, dass ich ebenfalls keine Horror- oder Splattergeschichten mit spritzendem Blut und an Wänden klebender Hirnmasse lesen möchte, vergeht regelmäßig einigen Kindern die Lust am Schreiben.

Es mag verwundern, dass derartige Regeln für einen Schreibkurs aufgestellt werden müssen, aber die Erfahrung hat gelehrt, dass für diese Genres klare Eckpunkte ratsam sind. Was manche Kinder schon in der vierten Klasse an brutalsten, zutiefst menschenverachtenden und jede Empathie verneinenden Filmen gesehen oder mit Ego-Shootern gespielt haben, ist für mich jedes Mal wieder schockierend. Altersbeschränkungen dienen hier lediglich als Orientierung für möglichst brutalste Unterhaltung. Gerade in Familien, die mit dem Begriff »bildungsfern« umschrieben werden und die es ökonomisch schwer haben, scheint es für Kinder ein Leichtes zu sein, sich Zugang zu derartigen Angeboten zu verschaffen. Verantwortung? Fehlanzeige! Aber nicht nur in diesen Familien ist das zu beobachten. Der Trend, frühere Kinderbücher nach Begriffen zu durchforsten, die die Befindlichkeit des Einzelnen verletzen könnten, erscheint mir angesichts des heutigen medialen Konsumverhaltens der avisierten Altersstufe geradezu Realitätsverweigerung zu sein.

Nach kurzer Aufregung legt sich bei den Schülern meist das Unverständnis für derartige Erwachsenenregeln. Auch der Hinweis, den eigenen Kopf zu nutzen und sich selbst etwas auszudenken, zeigt seine Wirkung. Es ist mein erklärtes Ziel, dass jeder Schüler am Ende der Veranstaltung eine Geschichte vorweisen kann. Ob diese nun aus fünf Sätzen besteht oder drei Seiten lang ist, spielt keine Rolle. Selbstverständlich gelingt das nicht jedem, sei es, weil die Fantasie sich trotz aller Unterstützung nicht einstellen will oder jemand vor lauter sprudelnden Ideen weit über das Ziel hinausschießt. In diesem Fall enden die Geschichten möglichst an einer spannenden oder interessanten Stelle mit dem Satz: Fortsetzung folgt. Selbstredend ist die Qualität der Texte, die innerhalb von einer oder eineinhalb Stunden entstanden sind, nicht nur individuell, sondern auch je nach Schulform mit Abstrichen zu betrachten. Die Angst vor Fehlern in Rechtschreibung und Grammatik nehme ich den Kindern dadurch, dass ich ihnen sage, dass dies während des Schreibens vernachlässigt werden darf und sie sich nur auf ihre Idee konzentrieren sollen. Korrigieren lassen sich Texte auch später noch. Wichtig ist nur, dass jeder eine Geschichte schreibt, die das Produkt der eigenen Fantasie ist.

»Ich wusste gar nicht, dass so etwas in meinem Kopf ist«, hat mir einmal ein Junge begeistert erklärt, der sehr originell über eine Halloweenparty geschrieben hat, in der im Laufe des Abends all seine Mitschüler in Monster verwandelt wurden.

Die meisten Geschichten sind Versuche, Ideen zu gestalten, die sich der üblichen Themen der Genres bedienen. In den Workshops entstehen zuweilen aber auch Texte, die begeistern können, zum Lachen bringen oder auch völlig unvorbereitet treffen. In einer vierten Klasse schrieb eine

Schülerin eine Geschichte, bei der ich Gänsehaut bekam. Sie handelte von einem Mädchen, das ständig von einem Schatten verfolgt wurde. Egal, ob sie zur Schule ging, Freundinnen besuchte oder auf dem Sportplatz Runden drehte, der Schatten folgte ihr. Was sie auch tat, sie war nie allein. Also erzählte sie am Abend ihrer Mutter davon und die erklärte ihr: *»Mach dir keine Gedanken. Es ist alles in Ordnung. Das ist nur dein Vater.«* In der Geschichte umarmen sich dann Schatten und Mädchen und alle sind glücklich. Später erfuhr ich, dass diese Schülerin Monate vorher ihren Vater bei einem Unfall verloren hatte.

Es kommt vor, dass das zu Papier Gebrachte nicht ausschließlich Produkt der Fantasie ist. Zuweilen mischt sich selbst Erlebtes darunter. Schreiben wird zum therapeutischen Ventil.

An eine Geschichte, die von einem stillen zwölfjährigen Jungen stammt, der übergewichtig und von der Natur nicht verwöhnt worden war, erinnere ich mich immer wieder. Der Kurs behandelte Krimigeschichten. Nach dem ersten Teil des Workshops war wie üblich Pause. Aufgeregt tauschten die Schüler untereinander ihre Ideen aus. Die Aufregung und Vorfreude, endlich selbst schreiben zu können, war groß. Niemand in der Klasse beachtete den Jungen, der mitten im Raum allein an seiner Bank saß. Er stierte auf das leere Blatt, auf welches er schreiben sollte. Offensichtlich ein Einzelgänger. Als es weiterging, verzichtete er auf alle Hilfsangebote meinerseits. Die Lehrerin winkte ab. »Sinnlos«, war ihr Kommentar. Einige Schüler grinsten. Ich gebe zu, auch ich bin nicht frei von Vorurteilen. Ich ließ ihn stieren und kümmerte mich um die Fragen der anderen. Als das selbst Verfasste schließlich vorgetragen wurde, meldete sich, nicht nur für mich völlig unerwartet, dieser Schüler. Seine Geschichte hieß: *Der Überfall.* Er schrieb in der Ichform kurze, klare Sätze. *Es war kalt. Ich ging nach Hause. Drei Jugendliche saßen auf der Bank. Ich hatte Angst …* Der Junge beschrieb, wie er abends im Park abgezogen wurde und was die drei mit ihm taten, da er sich nicht freikaufen konnte. Er erzählte, was ihm widerfahren war, aus jener Position, aus der er den Überfall erlebt hatte. Der Junge lag im Dreck. Er beschrieb die Schuhe und die Geräusche, die sie machten, wenn sie brutal seinen Körper und das Gesicht trafen. Einen Satz werde ich nie wieder vergessen. *Es klang wie Zähneausbeißen.* Als die Geschichte zu Ende war, hätte man den Aufprall einer fallen gelassenen

Stecknadel hören können. Jeder im Raum wusste sofort, dass dies tatsächlich geschehen war. Es dauerte eine Weile, dann klatschten einige. Ein paar Jungs, die ihn vorher nicht wahrgenommen hatten, sprangen auf und umarmten ihn. In diesem Moment musste ich einige Mühe aufwenden, um nicht zu zeigen, wie es um mich bestellt war. Der Text diente der Schulsozialarbeiterin später als Grundlage für ihre Arbeit.

Derartige Workshops helfen nicht nur, die Fantasie eines Kindes zu entwickeln, sondern haben darüber hinaus auch noch eine andere erfreuliche Wirkung. Schüler, die eher unauffällig sind und nicht durch körperliche Stärke, cooles Auftreten oder durch teure Statussymbole wie Kleidung und Technik auf sich aufmerksam machen, finden plötzlich allein durch die Kraft ihrer Worte Anerkennung. Mehr als einmal konnte ich beobachten, wie ihre Mitschüler sie plötzlich mit anderen Augen betrachteten.

In jedem Kind schlummert Fantasie. Schreibworkshops sind eine gute Möglichkeit, sie zu wecken. Unbekannte Welten zu entdecken, die nicht vorgefertigt hinter den Displays von Smartphones, Spielkonsolen und PCs oder als TV-Angebote der Fernsehsender existieren, ist ein Abenteuer. Es bedarf nur eines leeren Blattes Papier, eines Stiftes und der Bereitschaft, den eigenen Kopf zu fordern.

Manch ein Schüler hat dabei sein Talent entdeckt, mit Sprache umzugehen. Von einigen weiß ich, dass sie sich weiterhin literarisch ausprobieren, sei es nun mit neu verfassten Geschichten, Notizen im Tagebuch oder Songtexten.

Eine grosse Entscheidung

In den Neunzigerjahren schien die rechte Szene in Berlin nur so zu boomen. Teenager rasierten sich die Köpfe kahl, tauschten ihre Jeansjacken gegen Bomberjacken und kleideten ihre Füße in sogenannte Knobelbecher, also Springerstiefel. Ihr Outfit, das allein schon sehr aggressiv wirkte, sorgte häufig dafür, dass Passanten die Straßenseite wechselten, wenn sie einer solchen Gruppe begegneten. Nicht selten gab es Schlägereien zwischen diesen sogenannten Skinheads und Ausländern. Einige Gegenden von Berlin waren als rechtsradikale Hochburgen bekannt, in denen sich Ausländer nur schlecht ansiedeln konnten.

Es war klar, dass auch wir in der Arche früher oder später mit dieser Szene konfrontiert werden würden. Und so kam es auch. Ich war gerade damit beschäftigt, in unserem Aufenthaltsraum Klarschiff zu machen. Am Vortag hatten hier noch etwa fünfzig Kinder und Jugendliche Tischtennis und Billard gespielt, und so sah der Raum auch aus. Erst registrierte ich gar nicht, dass sich noch jemand im Gebäude befand. Doch dann bemerkte ich aus dem Augenwinkel, dass ein etwa 17-jähriger Jugendlicher mit Glatze und typischer Szenekleidung offensichtlich jeden Raum inspizierte. Er tat zunächst so, als sei ich gar nicht anwesend. Dann kam er auf einmal auf mich zu, bäumte sich vor mir auf und sagte: »Das sieht ja alles ganz gut aus hier. Tischtennis, Kicker, Billardtisch und eine Musikanlage. Das Einzige, das stört, seid ihr!« Seine Worte hatten einen deutlich aggressiven Unterton. Ich merkte sofort, dass dies kein Spiel war. Umso wichtiger war meine Reaktion. Ich hätte ihn einfach ignorieren und mit meiner Aufräumaktion weitermachen können, doch ich hatte das Gefühl, dass das nicht das Richtige gewesen wäre. »Da musst du aber erst einmal an mir vorbei«, erwiderte ich schließlich. Überraschenderweise verließ der Junge das Haus und ich konnte aufatmen. Nicht einmal 14 Tage später tauchten 50 Skinheads in der Arche auf – alle mit finsterem Blick, alle Furcht einflößend.

Das Erste, woran ich dachte, waren die Worte, die ich zwei Wochen zuvor zu dem Jugendlichen gesagt hatte. Hatte der jetzt seine Freunde mitgebracht, um sich zu rächen?

Ich beschloss, mich nicht einschüchtern zu lassen, und ging auf die Gruppe zu, um jeden Einzelnen mit Handschlag zu begrüßen. Die Jugendlichen waren völlig perplex. Sie blieben und verhielten sich relativ friedlich. Und sie kamen immer wieder. Zwar versuchten sie hin und wieder, ihre CDs in unsere Musikanlage zu schieben, oder sie provozierten uns mit T-Shirts, auf denen stand: »Odin statt Jesus«, aber für unsere Mitarbeiter war es wichtig, dass die jungen Leute merkten, dass wir uns für sie interessierten, ohne sie zu verurteilen. Mit der Zeit öffneten sich die Jugendlichen immer mehr. Häufig sprachen sie sogar über ihre alltäglichen Probleme mit uns. Schnell stellte sich heraus, dass einige von ihnen nur deshalb in dieser Gruppe gelandet waren, weil sie vorher Außenseiter gewesen waren. Die einen hatten Probleme in der Schule, die anderen in ihrem Elternhaus – und das hatte sie in eine gewisse Isolation gebracht. Als sie sich dann eine Glatze geschoren hatten und merkten, dass die Menschen die Straßenseite wechselten, fanden sie das cool. Nun wurden sie wenigstens beachtet.

Rasch trafen sich Gleichgesinnte und die Gruppe der Skinheads wuchs. Das politische Gedankengut kam später dazu. Ein junger Mann aus der Gruppe fiel besonders auf, weil er wesentlich aggressiver war als die anderen. Er war einer von denjenigen, die zuerst zuschlugen und dann Fragen stellten. Er war einer von denen, die die »Schlachten« bei den Demonstrationen am 1. Mai anführten. Schon seine Statur wirkte angsteinflößend, aber sein Blick sprach Bände. Wenn er etwas sagte, schwiegen alle um ihn herum. Nur wenige kannten seinen richtigen Namen – er wurde einfach nur »Jäger« genannt.

An einem Abend schnappte ich mir Jäger. Schon zuvor hatte ich immer wieder mal Kontakt zu ihm gesucht und versucht, seine harte Schale zu knacken, doch das war mir nie gelungen. Er hatte mir zwar offen erzählt, wie oft er schon Leute krankenhausreif geschlagen oder wie viele Autos er geknackt hatte, aber näher war ich nie an ihn herangekommen. Doch an diesem Abend sollte die Wahrheit ans Licht kommen. Ich schaute ihn an und fragte: »Jäger, warum bist du eigentlich so ein harter Knochen?« Meine Frage war provozierend, aber anders kam ich an diesen 20-Jährigen offensichtlich nicht heran. Schweigen füllte den Raum. Man merkte, wie Jäger mit sich kämpfte. »Jäger, was hat dich so hart gemacht?«, hakte ich nach.

Leise, fast flüsternd, begann er zu reden: »Als ich dreizehn war, hatten mein bester Kumpel und ich ein Hobby …« Jäger erzählte mir, dass sein Freund und er früher jede freie Minute genutzt hatten, um mit der S-Bahn durch Berlin zu fahren. Aber nicht, um von einer Station zur anderen zu kommen, sondern um zu »surfen«. Für die beiden war es der größte »Kick«, wenn sie beim Fahren die Tür öffneten, um dann auf das Zugdach zu klettern und dort den Fahrtwind und die Herausforderung zu genießen. Mit der Zeit hatten sie richtig Übung darin. Sie kannten jeden Handgriff genau und fühlten sich deshalb sehr sicher.

»Bei einer Fahrt öffnete mein Kumpel die Tür des Zuges, der mit etwa 70 Stundenkilometern über die Schienen brauste«, erklärte Jäger. »Dann streckte er den Kopf aus der Tür. Im gleichen Moment raste uns auf dem Nebengleis ein anderer Zug entgegen. Er erwischte den Kopf meines Freundes und sein Körper fiel mir in die Arme.

Mein Kumpel lag auf mir. Ohne Kopf. Er war tot.«

Jäger erzählte, dass er daraufhin in die Psychiatrie kam. Er ging von einem Psychiater zum nächsten, aber von dem Tag an, an dem sein Freund gestorben war, kam er mit dem Leben nicht mehr klar.

»Weißt du, Bernd«, sagte er, »ich war ganz allein damit und sollte das verkraften. Ich habe noch nie mit jemandem darüber gesprochen – bis heute. Jetzt kennst du den Grund, weshalb ich so bin, wie ich bin. Wenn ich jemanden verprügele, dann prügele ich meine ganze Wut raus, aber es hilft nichts.«

Seit diesem Abend unterhielten wir uns immer wieder und nach und nach bauten wir Vertrauen zueinander auf. Einige Wochen später feierten wir einen unserer Gottesdienste, die sicher anders ablaufen, als viele es gewohnt sind. Wir haben uns darauf eingestellt, dass der Großteil unserer Besucher mit dem christlichen Glauben nicht viel am Hut hat. Auch müssen wir Einlasskontrollen organisieren, denn wir wollen keinen Alkohol und keine Waffen in unseren Räumlichkeiten. Das Thema des Gottesdienstes war »Veränderung« – Veränderung der Einstellung und Veränderung des Lebens. Eine Veränderung des Lebens war auch das, was Jäger brauchte, und so luden wir ihn ein, eine klare Entscheidung zu treffen, sein Leben zu überdenken und in aller Öffentlichkeit – also auch vor seinen Freunden – seine Entscheidung zu bekunden. Uns war klar, dass, wenn einer dieser Skinheads aufstehen würde, um vor allen seinen Freunden zu erklären, dass er einen Neuanfang machen wollte, er seine Gruppe anschließend würde verlassen müssen. Und ich zweifelte, ob Jäger dazu bereit war. Doch es geschah etwas, das wir nicht für möglich gehalten hatten: Jäger kam nach vorn und, seinem Beispiel folgend, noch eine ganze Reihe anderer Jugendlicher, um zu zeigen, dass sie mit Gottes Hilfe einen Neuanfang wagen wollten.

Am nächsten Tag waren Jäger und eine andere Schlüsselfigur aus dieser Szene wie vom Erdboden verschluckt. Niemand wusste, wo sie geblieben waren. Mit den Wochen löste sich die Szene immer mehr auf. Einige der ehemaligen Gruppenmitglieder verließen den Bezirk, andere kleideten sich anders, und die, die weiterhin als Skinheads herumliefen, ließen sich nicht mehr bei uns blicken. Doch wo war Jäger geblieben?

Wir blieben noch einige Monate im Ungewissen, bis wir ein Lebenszeichen erhielten. Nach fast einem Dreivierteljahr traf ich ihn überraschend wieder. Er erklärte mir, dass er hatte untertauchen müssen. »Die hätten mich umgebracht«, erzählte er. »Ich habe jetzt ein neues Leben angefangen. Jetzt setze ich neue Prioritäten und baue mir einen neuen Freundeskreis auf.«

Als die rechte Gruppe unsere Einrichtung besuchte, habe ich mir oft gewünscht, dass sie einfach nicht mehr kommen würde. Ich wollte nicht, dass die Arche als rechter Klub abgestempelt wurde. Doch eine Mitarbeiterin fragte mich in dieser Zeit einmal etwas, das meine Einstellung veränderte: »Wenn sie uns nicht haben, wen haben diese jungen Menschen denn dann?« Sie hatte recht! Wir haben etwas im Leben von Jäger verändert, aber die Geschichte von Jäger hat auch etwas in meinem Leben verändert.

Das ist eine Geschichte aus dem ersten Arche-Buch, *Deutschlands vergessene Kinder*. Zu Jäger haben wir bis heute guten Kontakt, denn er arbeitet seit über zehn Jahren als Angestellter in der Arche in Berlin und macht dort einen guten Job. Vor einigen Jahren lernte er dort auch seine heutige Ehefrau kennen, die bei uns als Erzieherin tätig ist. Jäger ist aus der Arche nicht mehr wegzudenken. Er gehört dazu, fast schon zum Inventar. Auch diese Geschichte zeigt, dass man nur über Beziehungen zu anderen Menschen sein eigenes Leben verändern und dann selbst bestimmen kann. Wenn die eigene Familie das nicht leisten kann, müssen andere Menschen einspringen. Sonst ist ein Kind oder ein Jugendlicher für immer verloren.

Ist das Grundeinkommen eine Lösung?

Deutschland diskutiert über die Abschaffung von Hartz IV. Das wird auch höchste Zeit. Doch gibt es Alternativen für die 2005 eingeführte »Sozialreform«? Eine Weiterentwicklung oder sogar einen Ersatz, bei der oder dem vor allem eines nicht verloren geht: die menschliche Würde?

Nichts ist stärker, so sagt man, als eine Idee, deren Zeit gekommen ist. Die Zeit, etwas zu ändern und für Hartz IV und die damit einhergehenden Verletzungen der Menschenwürde ein Folgemodell zu finden, ist längst überfällig. Altkanzler Gerhard Schröder und die von Peter Hartz geführte Kommission haben bis heute nicht begriffen, was sie damals mit ihrer angeblichen Modernisierung unseres Sozialsystems angerichtet haben. Sie sprechen auch heute noch von einem Erfolg der Reform. Ein Arche-Vater formulierte es einst treffend: »Der Schröder kennt doch nicht einmal jemanden, der einen kennt, der Transferleistungen beziehen muss.« Und damit wird der junge Vater wohl recht gehabt haben.

Wäre denn das Arbeitslosengeld, wie es vor Zeiten ausgezahlt wurde, wieder eine Alternative? Wohl kaum, denn neue Generationen sollten sich auch mit neuen Konzepten auseinandersetzen und nicht »olle Kamellen« aufwärmen. Innovative Konzepte gibt es immer wieder und eines davon ist die Idee eines Grundeinkommens. Seit vielen Jahren taucht diese Überlegung immer wieder in den Medien auf. Sie wurde unterschiedlich benannt, heftig diskutiert, konnte sich aber im alltäglichen Nachrichtenfluss nicht beständig an der Oberfläche halten, tauchte jedes Mal wieder ab.

Übrigens ist das auch kein Gedanke unserer Zeit, wie viele meinen. Bereits 1516 schlug der Philosoph Thomas Morus erstmals ein bedingungsloses Grundeinkommen vor. Der Mann wollte damals erreichen, dass die Menschen, die in Armut lebten und von den Almosen der Reichen abhängig waren, von diesen Zwängen befreit werden sollten, um ihnen somit die Beteiligung am Gemeinwesen zu ermöglichen. Das damalige Grundeinkommen basierte aber auf einer entsprechenden Arbeitsleistung beziehungsweise Arbeitspflicht und ist somit der heutigen Idee des bedingungslosen Grundeinkommens nicht unbedingt gleichzusetzen. Doch werden die Gedanken Thomas Morus' häufig in diesem Zusammenhang genannt. Der Mann war damals seiner Zeit wohl weit voraus.

Frei sein von allen Zwängen bleibt eine Utopie, denn wir sind leider alle Zwängen ausgesetzt, die, wenn man sie – etwas positiver – Regeln nennt, zu einem Leben in einer Gesellschaft dazugehören. Von denen werden wir uns nie befreien können. Aber es ist sicher, und das erleben wir in unserer Arbeit täglich, dass die Beteiligung der Transferleistungsempfänger am Gemeinwesen definitiv nicht möglich ist. Die Realität in Deutschland heißt Hartz IV, und die ist gebunden an Hunderte von Vorschriften und Paragrafen, viel zu kompliziert, somit gehasst und gescholten. Der Leistungsempfänger kann mit seinen Bezügen nicht wirklich am gesellschaftlichen Leben teilnehmen. Eine gesunde und vollwertige Ernährung ist beispielsweise nur schwer umzusetzen, und Kleidung, wie sie für ein gepflegtes Äußeres erforderlich ist, kann man mit einem geringen Budget auch nicht unbedingt bekommen. Von einem regelmäßigen Besuch beim Friseur ganz zu schweigen. Der Hartz-IV-Regelsatz sichert die Beschaffung von den Dingen ab, die zum Überleben notwendig sind, ermöglicht aber keine weitere Ausgabe für Kultur, Bildung oder Vergnügen. Vor allem leiden Kinder unter der Situation ihrer Eltern und werden automatisch von Erlebnissen ferngehalten, die ihrer Entwicklung guttun würden. Das Leben der Eltern und ihre beschränkten Möglichkeiten haben eine direkte Wirkung auf das Kind.

Dass Hartz IV abgeschafft und durch eine neue Form von Grundsicherung ersetzt wird, wünschen sich fast alle Bezieher von Transferleistungen. Viele unserer Arche-Eltern haben Angst vor den Besuchen in den Arbeitsagenturen, vor dem Ausfüllen von Tausenden Formularen, vor Sanktionen, Kürzungen, Streichungen und anderen Strafmaßnahmen. »Alles ist besser als dieses Hartz IV« – so hören wir es aus unseren Einrichtungen.

Doch was ist die Alternative? Ist ein Grundeinkommen die perfekte und vor allem menschlichere Lösung? Ja, wenn es nicht mit

Bedingungen verbunden ist, so unsere Meinung. Ein Grundeinkommen würde den Menschen das Gefühl vermitteln, nicht abgehängt zu sein, und ihr Selbstvertrauen stärken. Wenn der Staat jedem ein bedingungsloses Grundeinkommen zusichert, würden vor allem wieder die Moral und Motivation gerade der Menschen steigen, die vorher von Transferleistungen leben mussten. Ein Basiseinkommen ohne jede Bedingung wird unseren Staat zusätzlich massiv entlasten, auch würde es die Kaufkraft der Leute und somit unsere Wirtschaft stärken. Viele Menschen würden sich dann auch wieder ehrenamtlich engagieren, weil sie einfach mehr Zeit hätten. Das würden wir auch in den Archen spüren. Momentan ist es doch so, dass sich aufgrund der speziell bei ihnen vorhandenen freien Zeit hauptsächlich Rentner entspannt im Ehrenamt engagieren können. Für viele Tätigkeiten sind aber körperliche Kraft und starke Nerven erforderlich. Das soll nicht heißen, dass ältere Menschen darüber nicht verfügen, aber gerade die Arbeit mit problembelasteten Kindern wird meistens unterschätzt und ein langfristiges Engagement wird dadurch nur erschwert. In einer durch ein Grundeinkommen abgesicherten Lebenssituation könnten sich viele Frauen und

Männer, das hören wir von den Besucherinnen und Besuchern in den Archen, für kommunale Arbeiten in ihren Städten und Gemeinden zur Verfügung stellen. Das kann aber nur auf freiwilliger Basis sein, sonst kämen wir vom Regen in die Traufe.

Übrigens definieren sich die meisten Menschen, wie wir in den Archen sehen, über ihren Beruf, über das, was sie sind, und über das, was sie mit ihrer Tätigkeit verdienen. Auch der Frustfaktor der Menschen ist abhängig vom Geld, das sie verdienen. Wir haben oft erlebt, dass sich erwerbslose Mütter oder Väter, wenn sie nach langer Zeit der Arbeitslosigkeit wieder einen Job fanden, völlig veränderten. Es ging ein Strahlen von diesen Personen aus und der Körper nahm eine andere Haltung an. »Sich schön machen« war plötzlich wieder von großer Bedeutung. Wir in Deutschland sind, diese Erfahrung durften wir machen, keine Faulenzer, auch wenn das gerade vielen von Hartz IV lebenden Menschen nachgesagt wird. Dieses Vorurteil kann auch kein Argument gegen die Einführung des bedingungslosen Grundeinkommens sein.

Die Wirtschaft wird definitiv nicht zusammenbrechen. Zahlreiche Menschen würden ihre kranken Familienangehörigen pflegen und andere gemeinnützige Dinge tun. Diejenigen, die wirklich nicht arbeiten wollen würden, könnten sich mit dem Grundeinkommen zufriedengeben. Auch eine alleinerziehende Mutter, zum Beispiel mit zwei Kindern, könnte sich zumindest eine Zeit lang mithilfe des Grundeinkommens ihrer Kinder und für sich selbst sorgenfrei und entspannt um die Erziehung ihrer Kinder kümmern. Viele erfolgreiche Unternehmer sehen das bedingungslose Grundeinkommen übrigens als Modell der Zukunft. Für die wirklich abgehängten Menschen würde sich dadurch viel verändern. Es verhindert Fremdbestimmung und ermächtigt jeden Einzelnen, sein Leben selbst in die Hand zu nehmen. Genau davor haben Gegner des Grundeinkommens Angst und somit ist das Grundeinkommen unattraktiv für sie und vielleicht auch gefährlich.

Wie sähe ein solches Grundeinkommen aus und wer würde es erhalten? Die Variante, die wir als Arche unterstützen, sieht folgendermaßen aus: Jedes Kind erhält von Geburt an einen Sockelbetrag. Am einfachsten wäre es, wenn Kinder und Erwachsene die gleiche Summe ausbezahlt bekämen. Das Wohn- und Kindergeld sollte komplett gestrichen werden. Auch andere Vergünstigungen gäbe es keine mehr. Über die Höhe der monatlichen Auszahlungen müssten sich Fachleute aus Politik und Wirtschaft austauschen, sich an einen gemeinsamen Tisch setzen und kreativ werden. Durch solche Maßnahmen würden sich allein die Verwaltungskosten mehr als halbieren und es ließen sich dadurch schon viele Milliarden Euro einsparen. Momentan hat doch kaum noch ein Empfänger von Transferleistungen den Überblick über den Wust an Paragrafen und Vorschriften, die ihn betreffen. Selbst Experten verzweifeln immer wieder an den komplexen Formularen.

Heute leiden unzählige Kinder, gemeinsam mit ihren Eltern, unter dem brutalen Zwang, von Hartz IV leben zu müssen. Sie erleben jeden Tag Leid und Elend in ihren Familien, und das nur, weil sie im falschen Moment »hier« gerufen haben. So hat einmal ein Junge in einer Arche argumentiert: »Ich muss schon mein Leben lang auf alles verzichten, ich war noch nie in Urlaub, nur einmal war ich mit der Arche an der Ostsee.« Dieser junge Mann kommt aus Berlin und ist inzwischen 16 Jahre alt. Andere haben in dem Alter schon die halbe Welt gesehen und haben dann natürlich auch einen großen Vorteil gegenüber den sozial benachteiligten Kindern, vor allem in der Schule. Das Schlimmste für die Betroffenen ist, die eigene Bedürftigkeit immer wieder nachweisen zu müssen. Schüler müssen das bei der Finanzierung des Schulessens, bei den jährlichen Klassenfahrten, beim Kauf von Schulbüchern und Schulmaterial. Das kann man endlos erweitern. Das ganze Schülerleben eines Hartz-IV-Kindes besteht eigentlich aus Nachweisen der eigenen Bedürftigkeit. Und das prägt einen jungen Menschen. »Ich habe nichts, ich bin nichts und ich kann nichts« – wie häufig haben wir diese Sätze gehört! »Ich bin Hartz IV«, sagte uns mal ein kleines Mädchen aus einer Arche. Warum sagt ein solches Kind so etwas? Weil sich das ganze Leben zu Hause nur ums Geld dreht. Je weniger man davon hat, umso mehr spricht man darüber. Auf diese finanzielle Armut folgt die emotionale Armut. Man geht kaputt an seiner eigenen Situation und das merken besonders die Kinder. Allein ihretwegen sollten wir uns mit einer menschlicheren Form der Transferleistungen auseinandersetzen. Und zu diesen Alternativen gehört sicher die Grundsicherung, die nicht mehr bestimmt, wie Menschen sein sollen, sondern die

Lebensführung in die eigene Hand legt und mehr Freiheit für eigene Entscheidungen gibt.

Wir haben einmal einen Jungen, dessen Geschichte wir auch in diesem Buch erzählen, gefragt, wovor er in der Schule am meisten Angst hat. Die Antwort kam schnell und ohne jedes Zögern. »Immer dann, wenn ich in der Schule gefragt werde, was meine Mama und mein Papa beruflich machen. Wenn ich dann Hartz IV sagen muss, vor der ganzen Klasse, dann schäme ich mich und bin nassgeschwitzt. Vor allem der Lehrer grinst dann immer so.« Dem ist nichts mehr hinzuzufügen. Das Grundeinkommen, so wie wir es uns vorstellen, richtet sich an den Menschen und unterscheidet nicht, ob er produktiv oder faul ist. Das Grundeinkommen ist ein Schritt in eine andere Richtung und soll etwas ermöglichen. Was dabei herauskommt, liegt in der Verantwortung des Einzelnen. Das Vertrauen, dass diese Verantwortung jeder Mensch tragen kann, sollten wir alle haben.

Mama dachte, hier sei Syrien

Seit zwei Jahren kommen die drei Geschwister Safi, Nuri und Aida jeden Tag zu uns in die Arche in Düsseldorf. Sie sind in Syrien geboren. Die drei verbreiten mit ihrer freundlichen Art häufig gute Stimmung in unserer Kindereinrichtung. Doch an manchen Tagen kippt die gute Laune der Kids, aus irgendeinem banalen Grund, dann wird ein kleines Problem für die Geschwister zu einer unüberwindbaren Hürde. Diese plötzlich eintretende Stimmungslage wird von heftigem Weinen begleitet. Die Kinder lassen sich kaum beruhigen.

Wir können nur ahnen, was die Geschwister in Syrien und auf ihrer Flucht nach Deutschland erlebt haben. Sie selbst erzählen fast täglich, dass sie weite Strecken zu Fuß bewältigen mussten und zudem mit dem Bus, Zug, Taxi und mit dem Schiff unterwegs waren. Nachts konnten sie vor Schmerzen nicht schlafen, ihre Beine fühlten sich dann an wie schwere Steine, die sich nicht bewegen ließen.

Nuri spielte neulich sehr konzentriert mit Legosteinen. Er baute ein Schiff. Auf dem Deck platzierte er zahlreiche Menschen, viele kleine Legofiguren, dicht aneinandergepresst. Dann zeigte er auf eine kleine Figur inmitten der Menschenmassen und sprach: »Das bin ich.« Wir waren schockiert und sprachlos, wohl wissend, was Nuri dort im Spiel nachstellte. Was hat dieses Kind zu verarbeiten? Schlimme Ereignisse müssen ihm widerfahren sein, die es versucht, ob bewusst oder unbewusst, im Spiel zum Ausdruck zu bringen oder loszuwerden.

An einem anderen Tag, als eine kleine Gruppe von Kindern sich selbst malen sollte, wählte Nuri das gleiche Motiv. Er malte ein Schiff auf dem Meer und füllte es wieder mit Menschen, großen und kleinen, die von ihm dicht aneinandergereiht wurden, bis sein Buntstift keinen freien Platz auf dem Papier mehr fand. Nuri befindet sich jetzt in psychologischer Behandlung, um sein Trauma besser verarbeiten zu können.

Die neunjährige Aida erzählte einmal: »Als Mama nach Deutschland kam, dachte sie anfänglich, dass es hier genauso sei wie in Syrien. In unserer Heimat haben wir immer wieder gehört, das haben die Leute so erzählt, Deutschland wäre wie ein Paradies. Mama dachte, wir bekommen ein tolles Haus und ein Auto und können Urlaub machen am Meer.« Weiter berichtete Aida, und diesmal mit erhobener Stimme: »Aber hier gibt es überhaupt kein Meer und eine tolle Wohnung haben wir auch nicht. Als wir flüchteten, war Mama schwanger, und ich habe geträumt, sie hätte eine Bombe verschluckt. Aber als wir in Deutschland ankamen, war Mama nicht mehr schwanger.« Aidas Mutter verlor während der Flucht ihr Kind.

Für uns ist es unvorstellbar, was diese kleinen Geschöpfe in ihren jungen Jahren bereits erleben mussten und nun zu verarbeiten haben.

Als die Großfamilie vor einigen Monaten endlich aus der Flüchtlingsunterkunft in eine eigene Wohnung ziehen konnte, bat die Familie verzweifelt bei uns in der Arche Düsseldorf um Hilfe. Sie benötigten dringend eine Waschmaschine. Das zuständige Amt war in diesem Fall nicht in der Lage zu helfen.

Wir kontaktierten andere Organisationen und Behörden und fragten an, ob sie für diese Familie Unterstützung leisten konnten. Die Anfragen führten nicht zum erhofften Ergebnis, nirgends kam mehr als ein »Nein« heraus. Der Wäscheberg in der Wohnung der Großfamilie wuchs stetig und mit Handwäsche konnte die Familie dessen auch nicht mehr Herr werden. Besonders die Mutter war am Ende ihrer Kräfte. Das Geld für eine Waschmaschine fehlte immer noch. Die lange Suche nach Unterstützung führte dann aber doch zum Erfolg. Ein mittelständisches Unternehmen ermöglichte es, dass die Arche unkompliziert eine Waschmaschine für die fünfköpfige Familie kaufen konnte.

Wir besuchten daraufhin die Familie zu Hause, um uns selbst ein Bild ihrer Lebenssituation zu machen. Die Wohnung war spärlich eingerichtet. In unseren Augen fehlte noch einiges an Möbeln. Zwei alte Tische aus der Arche wurden noch in die Wohnung transportiert, endlich hatte die Familie einen Esstisch. Auch einen Fernseher konnten wir damals organisieren, zwar kein neuwertiges Modell, aber immerhin, er funktionierte und diente ihr an manchen tristen Tagen als Ablenkung.

Bei unserem Besuch fiel uns auf, dass in der Wohnung keine Betten für die Kinder zu sehen waren. Als Schlafplatz dienten den jüngsten Familienmitgliedern drei Matratzen, die nebeneinander in einem Schlafzimmer lagen. Die Mutter war unterdessen wieder schwanger. Sie erwartete Zwillinge. Als Schlafplatz für den Nachwuchs plante sie die Kindertragesitze ein, denn Platz für weitere Matratzen, geschweige denn für Betten, war nicht da. An eine gesunde Entwicklung der Kinder, der diese geplante unbequeme Schlafhaltung nicht gerade entgegenkommt, wurde nicht gedacht. Glücklicherweise konnten wir die Familie mit weiteren Spenden unterstützen. Babydecken, Spielzeug und Babykleidung wurden von der Familie freudig entgegengenommen. Uns war es ein besonderes Anliegen, jedes Kind in einem eigenen Bett schlafen zu lassen. Dank der Hilfe vieler Spender konnten wir auch diesen Traum erfüllen.

Der älteste Sohn, Safi, hat leider eine Lernschwäche. Anträge für den Besuch einer Förderschule wurden gestellt. Safi kann sich einfach keine Buchstaben merken. Sobald er einen neuen Buchstaben in der Schule lernt, hat er den vorher gelernten schon wieder vergessen. Die erste

Klasse wiederholte er bereits. Auch jetzt, in der dritten Klasse, kann Safi weder schreiben noch lesen. Die Mutter und auch der Vater der Kinder haben in ihrem Leben keine Schule besucht. Ihren Kindern können sie bei den Hausaufgaben mehr schlecht als recht helfen.

Für Kinder in solchen Lebenssituationen ist der Besuch einer Kita spätestens ab dem ersten Geburtstag sehr wichtig. Das gilt nicht nur für Kinder mit Fluchterfahrung, sondern auch für deutsche Kinder. Bei einer Kita sollte nicht nur von Interesse sein, dass die Betreuung der Kinder gewährleistet ist. Jedes Kind sollte individuell gefördert werden, und zwar möglichst früh. Dort, wo Eltern das nicht leisten wollen oder können, muss der Staat eingreifen. Idealerweise sollte eine Gruppe in den Kindertagesstätten aus nicht mehr als fünf Kindern bestehen. Dieser Betreuungsschlüssel wäre zwar sehr personalintensiv, aber immer noch billiger, als Kindern später ihr ganzes Erwachsenenleben lang Transferleistungen zahlen zu müssen.

Die Archen sind mit vielen Lernspielen ausgestattet, die zum Beispiel auch das Buchstabenlernen erleichtern. Safi kommt nun jeden Tag in den Genuss, mit einem Arche-Mitarbeiter zu spielen, um vor allem die deutsche Sprache zu erlernen. Inzwischen funktioniert das ganz gut. Auch fällt es dem Jungen zunehmend leichter, sich die einzelnen Buchstaben zu merken. Wenn er unsere Einrichtung in Düsseldorf weiter besucht, wird sich das mit Sicherheit positiv auf seine schulischen Leistungen auswirken.

Nuri ist drei Jahre jünger als sein Bruder Safi, ihm aber in seiner Entwicklung weit voraus. Zu Hause übernahm er mit der Zeit viele Aufgaben und half seiner Mutter täglich im Haushalt. Die Verantwortung, die der kleine Mann trug, war irgendwann viel zu groß. Monatelang ging das so. In der Arche konnte er nicht einmal mehr entspannt spielen, dafür war keine Zeit. Wir versuchten, seinen Eltern einfühlsam und vorsichtig klarzumachen, dass diese Überforderung für Nuris natürliche Entwicklung nicht förderlich sei. Das Gespräch hat seine Wirkung gehabt. Mittlerweile besucht Nuri an zwei bis drei Tagen in der Woche wieder die Arche und kann in diesen wenn auch begrenzten Stunden Kind sein.

Nuri ist dafür verantwortlich, dass die drei Schulkinder der Familie am Morgen rechtzeitig aufstehen, um pünktlich zur Schule zu gelangen. Wir beobachteten schon seit Längerem extreme

Müdigkeit bei Nuri, manchmal schlief er in der Arche ein. Zu Weihnachten wünschte sich der Junge einen Wecker. Leicht irritiert über diesen ungewöhnlichen Kinderwunsch, führten wir ein Gespräch mit ihm, um zu erfahren, warum es ein Wecker und nicht ein Spielzeug sein sollte. Nuri konnte seine Wahl erklären: Nachts konnte er nicht schlafen, lag bis frühmorgens wach, nur weil er Angst hatte, zu verschlafen und folglich seine Geschwister nicht pünktlich zur Schule schicken zu können. Der Gedanke, zu versagen und seiner Verantwortung nicht gerecht werden zu können, löste bei ihm solch einen Druck aus, dass dieser ihm buchstäblich den Schlaf raubte. Es war Oktober, und Weihnachten war noch weit entfernt. Wir überredeten Nuri, etwas Schönes, ein Spielzeug, auf seinen Wunschzettel zu setzen. Um den Wecker brauche er sich keine Sorgen zu machen. Diesen besorgten wir ihm umgehend und konnten im Laufe der nächsten Tage erleben, dass das Kind wesentlich entspannter wirkte, weil es endlich wieder mehr Schlaf bekam.

Die Mutter, heute 27 Jahre alt, bekam mit 15 ihr erstes Kind. Nun lebt sie in Deutschland, ohne die Sprache zu sprechen oder zu verstehen. Sie verbringt den ganzen Tag allein mit ihren

Zwillingsbabys in der Wohnung. Der Vater wollte damals nur die Frau. Kinder standen eigentlich nicht auf seinem Plan. Hier in Deutschland glänzt er oft mit Abwesenheit, seine Frau bekommt ihn nicht häufig zu Gesicht. Nach dem Sprachkurs trifft er sich oft mit Freunden. Die Kinder erzählen, dass er sehr selten mit ihnen spielt und sie meistens auf sich alleine gestellt sind. Oft müssen sie der Mutter bei der Versorgung der Zwillinge helfen. Die Mutter hätte gern die Arche-Mitarbeiterinnen als Freundinnen, lädt uns deshalb hin und wieder nach Hause ein und genießt es, Gastgeberin zu sein. Wir haben uns daher sehr gefreut, als sie in die Arche zum Elternfrühstück kam und dort Kontakte zu anderen Eltern aufbauen konnte. Ebenso vermittelten wir sie in eine internationale Spielgruppe. Dort fand sie schnell Anschluss und besucht die Gruppe nun mit viel Freude einmal in der Woche.

Die Zusammenarbeit mit der Familie ist sehr intensiv und fordert uns immer wieder heraus. Es macht uns große Freude, ihr zu helfen, in Deutschland Fuß zu fassen. Wir sind dankbar, dass sie sich bei uns in der Arche so wohl fühlt und vollstes Vertrauen zu uns hat.

Scharfe Kritik am Kindergeld

Kein Geld für Bücher, Klassenfahrten oder Nachhilfeunterricht. Im frühen Alter schon sind Kinder aus sozial schwachen Familien benachteiligt. Das Geld ist knapp. Die Transferleistungen, die die Familien beziehen, erlauben keine großen Sprünge, das ist bekannt. Doch davon unabhängig gibt es noch das Kindergeld. Ein Segen für die Eltern oder auch für Alleinerziehende, denn dieses Geld zahlt Vater Staat für jedes Kind. Geld, das für das Kind bestimmt ist, eine finanzielle Absicherung, um sich ein Kind leisten zu können, vielleicht auch ein Ansporn, überhaupt eins in die Welt zu setzen. Je mehr Kinder, desto lukrativer.

Es ist aber nicht ganz so wie eben geschildert. Weder erhält ausschließlich das Kind das Geld, wie vielleicht der Name dieser staatlichen

Subvention vermuten lässt, noch bekommt es jede Familie. Denn Kindergeld wird in Deutschland den Menschen, die von Hartz IV leben, auf ihre Leistungen angerechnet. Was bedeutet das? Die Empfänger von Transferleistungen profitieren nicht vom Kindergeld, anders als die Eltern, die in Lohn und Brot stehen. Wir reden von viel Geld, denn fast 50 Milliarden Euro Kindergeld sind im Zeitraum von 2007 bis 2017 auf die staatlichen Transferleistungen angerechnet worden. Allein fast fünf Milliarden Euro waren es 2017. Eine enorme Summe, die der Staat da einspart.

Auch Gutverdienende profitieren vom Kindergeld, da wird kein Unterschied gemacht, es ist nicht einkommensabhängig. Häufig wird die Frage gestellt, ob das Kindergeld für Gutverdiener gerechtfertigt ist. Schließlich können sie doch schon von den steuerlichen Freibeträgen für Kinder profitieren. Beide Vorteile einzusacken, ist jedoch nicht möglich, da hat der Staat einen Riegel vorgeschoben. Ergibt sich bei betuchteren Familien aufgrund von Kinderfreibeträgen eine Steuerersparnis, die das im Veranlagungszeitraum gezahlte Kindergeld übersteigt, so wird Letzteres in voller Höhe von der Steuerersparnis abgezogen. Fest steht, und so hat es nach der Klage einer betroffenen Familie jüngst auch der Bundesgerichtshof entschieden: Das Kindergeld darf auf die Sozialleistungen angerechnet werden. Ausgerechnet die Ärmsten der Armen gehen beim Kindergeld leer aus.

In Deutschland erhält der Vorstandsvorsitzende eines Weltkonzerns volles Kindergeld für seine im Haushalt lebenden Kinder. Die Mutter, die drei heranwachsende Kinder mit Transferleistungen durchs Leben boxen muss, geht leer aus. Da scheint doch etwas aus dem Gleichgewicht geraten zu sein. Wir haben zu diesem Thema mehrere Sozialpolitiker aus verschiedenen Parteien im Deutschen Bundestag befragt. Die Begründung, warum dieses Ungleichgewicht besteht, lautete bei fast allen gleich: »Die Geringverdiener in unserem Land müssen beispielsweise finanziell deutlich bessergestellt sein als ein Empfänger von Transferleistungen.« In der Argumentation unterscheidet sich keine Partei von den anderen.

Aus der Sicht der Menschen, die für wenig Geld arbeiten gehen, kann man das ja irgendwie noch verstehen. Aber die Politik bestraft hier Kinder, denn sie gehen leer aus. Wobei doch ein wenig mehr im Monat, gezielt und zweckgebunden für das Kind ausgegeben, den betroffenen

Familien sicherlich guttäte. Wieder einmal hat die finanzielle Einschränkung zur Folge, dass Heranwachsende praktisch vom kulturellen Leben ausgeschlossen werden und sich immer weiter von einem Ausstieg aus dem Hartz-IV-Hamsterrad entfernen.

Was hat das alles noch mit Kindergeld im ursprünglichen Sinn zu tun? Eigentlich müssten wir das Wort Kindergeld aus unserem Vokabular streichen, denn es wird seiner Bedeutung nicht mehr gerecht. Das Geld sollte für die Kinder da sein, somit auch kein Unterschied zwischen einem Kind des Vorstandsvorsitzenden und dem Kind eines Hartz-IV-Empfängers bestehen. Die Politik missachtet einen Teil ihrer eigenen Kinder. Der eine Teil, die Kinder von gut verdienenden Eltern, wird gefördert, der andere Teil der Kinder, also die Kids aus den sozial schwächeren Familien, wird für die Situation ihrer Eltern bestraft. Das ist einfach nur böse und bestätigt, dass zu viele Kinder in Deutschland wenige Chancen auf Bildung haben.

Wir sind weit von Chancengleichheit entfernt. Das ist der Grund, warum Armut immer weitergetragen wird. Sozialverbände, darunter auch die Arche, fordern statt des Kindergelds eine Grundsicherung von 619 € pro Kind für alle

Familien. Das wird natürlich für den Staat sehr teuer. Rund 22 Milliarden Euro würde das im Jahr mehr kosten. Diese Grundsicherung wäre für alle Familien gleich hoch und natürlich gerechter, weil sie versteuert wird. So erhält eine einkommensschwache Familie mehr Geld als eine einkommensstarke Familie.

Im Jahr 2019 feiert das Kindergeld seinen 65. Geburtstag. Wäre eigentlich passend für einen Übergang ins Rentenalter, eine stille Verabschiedung. Denken wir zurück und stellen uns vor, wie die typische deutsche Familie, Mutter, Vater und Kind, mit dem VW-Käfer nach Italien in den Urlaub fährt und die Zeit dort genießt, während der großzügige Staat in guter Gönnerlaune Geld an seine großen und kleinen Kinder verteilt. Das klingt wie ein wunderbarer Traum aus den Fünfzigerjahren. Und so wie die Mütter und Väter aus den »Fifties« jetzt in Rente sind, sollte auch das Kindergeld diesem Weg folgen.

Was aber, wenn man Armut in den sozial schwachen der davon betroffenen Familien bekämpfen möchte?

Dann muss man Kindern Entwickungschancen eröffnen. Das tut man sicher nicht, indem Ausflüge,

Musikunterricht und eine Mitgliedschaft im Fußballverein unmöglich gemacht werden.

Das Kindergeld muss abgeschafft werden. Ersatzweise muss jedoch festgelegt werden, wie viel Geld ein Kind in einem bestimmten Alter pro Monat braucht. Dieses Geld sollte den Eltern ausschließlich für die Kinder zur Verfügung gestellt werden. Eltern könnten sich so Kinder leisten, egal, in welcher finanziellen Situation sie sich befinden. Wenn sie nicht selbst etwas dazu beisteuern können, dann muss der Staat helfen. Aber richtig.

Wie eine Arche entsteht

In Deutschland ist vor allem das Ruhrgebiet von Kinderarmut betroffen. Rund jedes dritte Kind lebt von Sozialleistungen. Daher lag es nahe, dass die Arche irgendwann auch ins Ruhrgebiet kommt. Ende 2017 war es dann so weit. Durch persönliche Kontakte und im Bewusstsein, dass in dieser Stadt Hilfe notwendig ist, kristallisierte sich Herne als Standort heraus. In Herne leben 28,8 Prozent der unter 18-Jährigen in Familien, die Hartz IV beziehen. Das geht aus einer Studie der Bertelsmann Stiftung aus dem Jahr 2016 hervor. Herne ist, wie viele Städte des Ruhrgebiets, durch den Wegfall der Kohleindustrie eine strukturschwache Stadt, in der sich zahlreiche Probleme ansammeln. Trotz verschiedener Zeichen des Aufbruches ist Herne auf weitere Unterstützung angewiesen. Mittelgroße Städte wie diese werden oft von den Metropolen abgehängt. Oft sind die Kinder und Jugendlichen die Verlierer. Die finanzielle und emotionale Kinderarmut in diesen Städten nimmt zu.

Nach Gesprächen mit der Stadt Herne stand fest, dass Herne der erste Ruhrgebietsstandort der Arche werden sollte. In Absprache mit der Stadtverwaltung mietete die Arche nun eine Wohnung inmitten eines Wohnblocks im Stadtteil Wanne an. In dem Wohnblock leben etwa 800 Menschen aus 25 unterschiedlichen Kulturen. Der Stadtteil ist als sozialer Brennpunkt bekannt. Er ist geprägt von sozialem Wohnungsbau, hoher Arbeitslosigkeit, Kriminalität, schwacher Infrastruktur und wenig Freizeitangeboten für Kinder und Jugendliche.

Der triste graue und in die Jahre gekommene Wohnkomplex, in dem sich die Arche Herne-Wanne befindet, vermittelt auf den ersten Blick Perspektiv- und Hoffnungslosigkeit. Viele der Mietparteien möchten aus dem Brennpunkt wegziehen, haben aber dazu nicht die finanziellen Mittel. Leider findet man die Perspektivlosigkeit auf den zweiten Blick auch bei einigen Familien. Sie sehen sich aufgrund verschiedenster Faktoren nicht in der Lage, ihre Situation in die Hand zu nehmen und etwas zu ändern, sondern ergeben sich mit der Zeit ihrem Schicksal. Um diese Negativspirale zu unterbrechen, möchte die Arche Herne-Wanne die Kinder ermutigen, befähigen und herausfordern. Ein Anliegen ist es, den Kindern zu vermitteln, wie viel Wert sie haben und dass in jedem Kind ein großes Potenzial liegt, das es zu entdecken gilt.

Da die neu eröffnete Arche in Herne-Wanne im Zentrum des Wohnblocks liegt, ist sie für alle Kinder gut zu Fuß erreichbar. Die Arche hat dort ihre Räume, wo die Kinder ihr unmittelbares Lebensumfeld haben. Die Eltern haben oft keine Zeit, sich um die Kinder zu kümmern, oder sind mit den Herausforderungen ihres Tages schon genug beschäftigt und froh, wenn die Kinder zu Hause nicht »stören«. Viele der Kinder verbringen den Tag nach der Schule auf der Straße, dem Spielplatz oder im nahe liegenden Supermarkt. Da sind Anlaufpunkte wie die Arche oder andere offene Einrichtungen für die Kinder eine gute Alternative. Dort finden sie Ansprechpartner, sinnvolle Freizeitbeschäftigung und teilweise auch kostenlose Mahlzeiten wie in der Arche Herne-Wanne.

Für eine neue Einrichtung wie die unsere ist es wichtig, im Stadtteil und in der Stadt vernetzt zu sein, um über weitere Hilfs- und Unterstützungsangebote Bescheid zu wissen. Nur so kann man Familien umfassend beraten und gegebenenfalls weitervermitteln. Es braucht Zeit, bis Beziehungen zu anderen Akteuren im Stadtteil wachsen. Die Arche Herne-Wanne stellte noch vor der Eröffnung ihre Arbeit in der örtlichen Stadtteilkonferenz vor, in der alle Einrichtungen, Träger und Vereine des Stadtteils zusammenkommen. Daraus ergab sich eine enge Zusammenarbeit mit den nächstgelegenen Grundschulen und mit einer anderen offenen Kinder- und Jugendarbeit in dem Wohnkomplex. Mit der Stadt, im Besonderen dem Amt für Kinder, Jugend und Familie, sowie mit der Polizei gibt es regelmäßige Austauschtermine zu Auffälligkeiten im Stadtteil. Außerdem ist eine Person aus der Arche Herne-Wanne bei der Stadtteilkonferenz sowie anderen wichtigen Netzwerktreffen dabei, um Informationen zu bekommen, die eigene Arbeit bekannter zu machen und gemeinsam mit den anderen Akteuren das Beste für den Stadtteil zu erarbeiten.

Kinder und ihre Familien wurden vor der Eröffnung der neuen Arche persönlich besucht und eingeladen. Da die Einladungsaktion rund um den Nikolaustag war, wurden kleine Nikoläuse mit dem Eröffnungstermin verteilt. So lernten die Familien direkt die Mitarbeiter der neuen Arche kennen und die bekamen erste Eindrücke von den Wohnsituationen der Familien. Oft war man erstaunt, wie viele kleine Köpfe man zu sehen bekam, weil viele der Familien sehr kinderreich sind. Ebenso stellte man die neue Arche-Arbeit und sich als Team in den benachbarten Grundschulen vor. Auch da wurden alle Kinder herzlich zur neuen Arche eingeladen und weitere Kontakte zum Lehrerkollegium geknüpft. Die Schulen zeigten sich erfreut über ein neues Angebot für die Kinder in dem Brennpunktstadtteil.

Die Arche selbst befindet sich in einer Vierzimmerwohnung. Diese Wohnung musste zunächst renoviert und kindgerecht eingerichtet werden. Alle Räume haben eine klare Bezeichnung und Funktion. So gibt es den Hausaufgabenraum, das Spielzimmer und das Kids-Café, in dem gegessen, gespielt und gebastelt wird. Bei der Gestaltung der Räume wurde auf helle, freundliche Farben Wert gelegt, aber auch auf eine klare Struktur der Räume. Viele der Kinder erleben zu Hause Räume eher als Multifunktionsräume, in denen geschlafen, gespielt und gegessen wird. Einige Kinder erleben dort auch viel innere Unruhe und Chaos.

Allein die Räume sollen den Kindern schon vermitteln, dass sie in der Arche willkommen sind.

Im Dezember 2017 öffnete die Arche in Herne ihre Türen zum ersten Mal für die Kids aus dem Stadtteil. Viele Kinder sind sofort begeistert von den liebevoll eingerichteten hellen Räumlichkeiten und den festen Ansprechpartnerinnen vor Ort, zu denen sie schnell Vertrauen aufbauen. Die verschiedenen Angebote, Hausaufgabenbetreuung, Spiel- und Freizeitangebote sowie eine gemeinsame Mahlzeit werden von Anfang an gut angenommen. Täglich besuchen bis zu 40 Kinder die Einrichtung.

In der Arche gibt es vom ersten Tag an verständliche und klare Regeln, damit das Miteinander funktioniert. Gerade Kinder aus schwierigen familiären Hintergründen kennen von zu Hause oft keine klaren Regeln und erleben, dass Konsequenzen nur angedroht, aber nicht ausgeführt werden. Die Regeln der Arche in Herne sind:

* Wenn einer spricht, höre ich zu.

* Ich esse nur im Kids-Café (Essensraum).

* Ich gehe freundlich mit den anderen um.

* Wenn ich gespielt habe, räume ich auf.

* Ich respektiere den anderen.

Durch diese Regeln lernen die Kinder einen respekt- und rücksichtsvollen Umgang mit Mitarbeitern, anderen Kindern und dem Spielzeug.

Kinder bekommen in der Arche Unterstützung und Hilfe bei den Hausaufgaben. Die Mitarbeiter kontrollieren Hausaufgaben, helfen den Kindern bei Fragen weiter und nehmen sich Zeit, den Kindern beim Vorlesen zuzuhören. Wenn ein Kind zehnmal seine Hausaufgaben in der Arche gemacht hat, darf es sich aus der »Hausaufgabenkiste« ein kleines Geschenk aussuchen. Das spornt die Kinder an und motiviert sie, ihre Hausaufgaben mit in die Arche zu bringen.

Die Spiel- und Freizeitangebote bestehen zuerst vor allem aus »offenen Angeboten«. Dabei können die Kinder frei wählen zwischen einem Bastelangebot, Freispiel im Spielzimmer, Freispiel draußen, Kickern oder Brettspielen. Das »freie Spielen« ist für uns wichtig, um die Kids kennenzulernen und eine Beziehung zu ihnen aufzubauen. Nach und nach entwickeln sich ausdifferenzierte Angebote und Workshops, wie zum Beispiel Kochen und Backen, Kreatives,

Tanz und Fußball. Die Arche möchte damit die Potenziale und Talente der Kinder fördern und Möglichkeiten schaffen, sich auszuprobieren und Neues zu lernen.

In den ersten Wochen wurde am Ende jeden Arche-Tages gemeinsam zu Abend gegessen. Es gab belegte Brote und gesundes Rohkostgemüse. Dabei steht die Tischgemeinschaft im Fokus, denn das ist für viele der Kinder neu. Beim Essen tauscht man sich über den Tag aus und die Kinder erfahren Zuwendung und Interesse. Da einige Kinder aber zu Hause keine warme Mahlzeit erhalten und sich nach der Schule selbst ihr Essen zubereiten müssen, wurde das Abendessen durch ein warmes Mittagessen ersetzt. Hierbei lernen die Kinder auch weitere Tischmanieren kennen, so auch den Umgang mit Messer und Gabel.

Neben den alltäglichen Angeboten führte die Arche in Herne auch bald besondere Aktionen ein, wie sie in jeder Arche zum festen Programm gehören. Hierzu zählen der »Kindergeburtstag« und die »Kinderparty«. Jedes Kind darf in der Arche seinen Geburtstag feiern. Dafür wird beispielsweise für alle Kinder, die im Juni geboren sind, ein gemeinsames Fest in der Arche organisiert. Zu dem Kindergeburtstag darf jedes Geburtstagskind einen Freund oder eine Freundin mitbringen. Bei der Party gibt es Kuchen, lustige Spiele, Musik und Geschenke. Dieser Tag ist für die Kids besonders wertvoll und wichtig, denn für viele Kinder ist die Arche der einzige Ort, wo ihr Geburtstag gefeiert wird. Bei den wöchentlich stattfindenden »Kinderpartys« werden auf spielerische Art und Weise wichtige Werte an die Kinder vermittelt und gemeinsam Themen aus der Lebenswelt der Kinder erarbeitet. Es werden Bewegungslieder gesungen, Geschichten erzählt und Wettkampfspiele durchgeführt. Kinder im Grundschulalter haben großen Spaß am Wettkampf und so gibt es am Ende jeder Kinderparty einen Gruppensieger. Punkte werden bei den Wettkampfspielen und durch das Luftballonsystem ergattert: Jede Gruppe hat zu Beginn der Kinderparty drei Luftballons. Sobald die Gruppe zu laut ist oder durch störendes Verhalten auffällt, wird ein Luftballon zum Platzen gebracht und die Gruppe verliert Punkte.

Bei den Begegnungen mit den Kindern werden durch die unterschiedlichen Angebote Herausforderungen und Lebensumstände, welche die Kinder mitbringen, mehr und mehr deutlich. Einige Kinder sind mit ihren Familien nach Deutschland geflüchtet und müssen erst einmal die deutsche Sprache lernen. Bei vielen Kindern wirken sich die fehlenden Sprachkenntnisse extrem auf die schulischen Leistungen aus. Schulaufgaben werden nicht verstanden und können nicht bearbeitet werden. Zu Hause fehlt die notwendige Unterstützung bei den Hausaufgaben, weil die Eltern selbst mit der deutschen Sprache überfordert sind oder keine Zeit für ihre Kinder haben.

Viele Kinder sind sich selbst überlassen und müssen ihre Freizeit selbst gestalten. Die wenigsten Eltern unternehmen etwas mit ihren Kindern, sodass diese in ihren Familien nicht die notwendige emotionale Zuwendung und Aufmerksamkeit erhalten. Oft kommen die Kinder aus kinderreichen Familien und fühlen sich vernachlässigt. In der Arche erfahren sie Verlässlichkeit, Liebe, Zuwendung und ein offenes Ohr. Einige von ihnen sehen wir nicht witterungsangepasst gekleidet. Sie kommen im Winter ohne warme Jacke und ohne Socken in die Arche. Die Auswirkungen der emotionalen und materiellen Armut sind deutlich sichtbar. Die wenigsten Kinder werden von ihren Eltern zur Arche gebracht und wieder abgeholt. Sie kommen und gehen alleine. Trotzdem ist es sehr wichtig, Kontakt zu den Eltern aufzubauen und auch in die Elternarbeit zu investieren. Die meisten von ihnen zeigen sich sehr offen, wenn man auf sie zugeht. Besucht man sie, so ergeben sich häufig schöne Begegnungen und Gespräche.

Wie groß der Bedarf ist, zeigt auch, dass viele der Kinder schon vor Arche-Beginn vor der Tür warten und bis zum Arche-Schluss bleiben, ja, teilweise sogar fragen, ob sie beim täglichen Putzen helfen können, um noch möglichst lange in der Arche bleiben zu dürfen. Viele Kinder, die die Arche besuchen, übernehmen in der Rolle der großen Schwester oder des großen Bruders schon viel Verantwortung, teilweise viel zu viel. Bei einigen Familien, vor allem Ein-Elternteil-Familien, gibt es eine regelrechte Rollenumkehr. Damit ist gemeint, dass Kinder Aufgaben und Verantwortung eines Erwachsenen übernehmen beziehungsweise regelrecht übertragen bekommen haben. In einem gewissen Maß fördert das Entwicklung und Selbstständigkeit eines Kindes, aber in dem Maß, wie es bei einer Rollenumkehr geschieht, überfordert es die Kinder. Deshalb ist die Arche bewusst als Ort gedacht, wo die Kinder einfach Kind sein und spielen dürfen. Einige von ihnen müssen das tatsächlich erst wieder erlernen.

Eine große Stärke der Arche ist es, auf den individuellen Bedarf der Kinder und Familien zu reagieren und daran anzuknüpfen. Das durfte die Arche in Herne gerade in den ersten Monaten bei all den Entwicklungen, Prozessen und Veränderungen erleben. Sie soll auch in Zukunft auf die Bedarfe reagieren, langfristig an der Seite der Kinder und Jugendlichen sein und sie auf ihrem Lebensweg begleiten und unterstützen.

Süsses oder Saures – der Alltag kennt beides

James kommt, wie viele Kinder aus der Potsdamer Arche, jeden Tag nach der Schule zu uns. Sofort schmeißt er voller Tatendrang seinen Schulranzen in den Eingangsbereich, rennt in das »Kids-Café« und fragt: »Was gibt es zu essen?«, gefolgt von: »Oh, Nudeln. Lecker! Bitte füll mir ganz viel auf, ich habe großen Hunger!« Und James lässt nie etwas übrig. Schon seit der ersten Klasse kommt der elfjährige James in unser Haus.

James ist ein süßer kleiner Kerl, der schon viele »saure« Zeiten durchlebt hat. Wenn er dann so dasitzt und in die Gegend schaut, merken wir, dass er sich wohlfühlt. »In die Arche zu gehen, ist, wie nach Hause zu kommen«, sagte James einmal.

Er genießt die Zeit mit den Mitarbeitern und blüht in der Arche auf, weil sich hier jemand für ihn interessiert und er oft die Aufmerksamkeit bekommt, die er zu Hause nicht erhält. Zusammen mit seiner Mutter und seinen fünf Geschwistern lebt James in einer Sozialwohnung mit drei Zimmern. James verriet uns, dass er zu Hause kaum Platz zum Spielen hat, seine Mama ihm wenig Zeit schenkt und er sich um seine kleineren Geschwister kümmern muss. James' Eltern leben getrennt voneinander, er sieht seinen Vater kaum. Es ist ihm anzumerken, dass er seine Nähe und Väterlichkeit vermisst. In der Arche weicht er einem nicht von der Seite, stellt viele Fragen und sucht in allem nach Beziehung und einem Vorbild, also jemandem, zu dem er aufsehen kann.

»Kann ich dir helfen?«, fragt er oft. James liebt es nämlich, die Mitarbeiter in der Arche zu unterstützen, so zum Beispiel beim Abwasch, hin und wieder beim Putzen oder im Technikbereich der wöchentlich stattfindenden »Kinderparty«. Hier kann er zeigen, was er kann, wird motiviert, gefördert und beachtet. Einmal fragte uns James: »Könnte ich Werkzeuge haben, um die Fahrzeuge draußen zum Spielen zu reparieren?«

James ist ein selbstständiger, hilfsbereiter, aber auch handwerklich und kreativ begabter Junge. Er nutzt die Angebote in der Arche und die

Möglichkeiten, seine Stärken zu entdecken und sie auszubauen. Er bringt uns oft zum Staunen, hat viele Fähigkeiten, von denen er selber nichts weiß. Ihm seine persönlichen Stärken bewusst zu machen und gemeinsam mit ihm an ihnen zu arbeiten, ist ein Teil unserer täglichen Arbeit in der Arche. Eine Herausforderung, die uns sehr am Herzen liegt.

Die Möglichkeit, mit anderen Kindern Freundschaften zu schließen, genießt James sehr. Es wird gespielt, gelacht, erzählt und Zeit zusammen verbracht. Dabei kommt es gelegentlich auch zum Streit. Lange versuchte er, Konflikten aus dem Weg zu gehen, und rannte fast immer davon. Oft war er danach für längere Zeit spurlos verschwunden. Doch irgendwann tauchte er auch wieder auf. Wir redeten dann miteinander und versuchten, ihn dazu zu bringen, bei Auseinandersetzungen nicht wegzurennen, sondern sich ihnen zu stellen. Inzwischen tut er das tatsächlich.

Und dann, gleich im nächsten Moment, kommt die Frage: »Willst du mit mir spielen?« – wahrscheinlich eine der meistgestellten Fragen in der Arche. Es wird gespielt und dabei kann James selbst ein Kind sein. Aus diesem Miteinander heraus ergeben sich oft tolle Momente und

Gespräche über das Leben, die Schule, Freunde oder die Familie.

Einmal sagte James zu uns: »Ich möchte anders als mein Bruder sein, er ist immer so aggressiv und macht nur Ärger.« Es ist zu spüren, dass James sehr unter der Aggressivität seiner Geschwister leidet. »Ich will nicht so sein!«, sagt er. Und damit hat James eine für sich sehr kluge Entscheidung getroffen. Übrigens: Zwei seiner größeren Brüder leben inzwischen außerhalb seiner Familie in Wohngruppen. Sie sind 15 und 16 Jahre alt.

James fängt langsam, aber sicher an, herauszufinden, dass er in vielen Situationen selbst über sein Leben bestimmen kann. Was gibt es Schöneres, als Kinder auf diesem Weg in die Eigenverantwortung und Selbstbestimmung zu begleiten?

An einem Tag im Herbst, es war bereits 17 Uhr und damit kurz vor Feierabend, weil die Arche werktags um 18 Uhr schließt, fragte ein Mitarbeiter James: »Hast du nicht noch Hausaufgaben zu machen?«

»Nein, ich habe keine Lust. Ich möchte noch spielen«, erwiderte der. Aber wir wussten natürlich, dass er dafür zu Hause vermutlich keine Zeit finden und auch keine Unterstützung durch seine

Mutter erhalten würde. Wir konnten ihn dann doch noch motivieren, seine Hausaufgaben zu erledigen, indem wir ihm dabei zur Seite standen. Pünktlich um 18 Uhr war er damit fertig. Manchmal macht es James sogar Spaß, unter zeitlichem Druck zu arbeiten. Er grinste uns an und sagte: »Geht doch.« Humor hat er also.

James und viele andere Kinder in der Arche zu motivieren, ihre Stärken und Fähigkeiten zu entdecken, braucht viel Geduld, Kraft und einen individuellen Blick auf jedes einzelne Kind. Ist es James und den anderen Kindern möglich, den Teufelskreis der Armut und Perspektivlosigkeit zu durchbrechen? Sich aus der Umklammerung der Krake Arbeitslosigkeit loszureißen, ist schwierig und ohne Hilfe von außen fast unmöglich. Vor einiger Zeit sagte James zu einer Arche-Mitarbeiterin: »Ich will später mal putzen.« So wie sein Vater, der erst obdachlos und arbeitslos war und dann einige Jahre bei einer Reinigungsfirma arbeitete. Ist es möglich, James zu stärken, sodass seine Träume sogar noch erweitert werden können? Dafür braucht er mindestens den mittleren Schulabschluss. Den Intellekt dafür hat er ohne Zweifel.

Er kommt gerne in die Arche, weil er spürt, dass es hier Menschen gibt, die an ihn glauben und ihm helfen wollen, etwas Großartiges aus seinem Leben zu machen. Wir glauben fest an seinen Willen, es im Leben zu etwas zu bringen. Wichtig ist, dass er glücklich wird und aus seinen Talenten etwas macht.

An einem dieser Tage erinnerte ich mich, dass heute ja »Süßigkeitentag« war. Ich ging in unser Vorratslager und suchte verschiedene Süßigkeiten aus. Da rannte mir auch schon James entgegen, mit großen, hungrigen Augen, und bot mir höflich und selbstlos seine Hilfe an. Ich musste mir das Lachen verkneifen.

»Und was willst du? Süßes oder Saures?« Und er antwortete: »Einmal alles bitte!« Das war typisch für James. Der Junge wird seinen Weg gehen, davon bin ich überzeugt.

Die Arche als Ort für Schutz und Stärke – ein Kampf für Freiheit und Unabhängigkeit

Wir werden diesen Tag im Frühjahr nie vergessen, an dem eine unserer Arche-Jugendlichen ganz aufgeregt mit der Nachricht ins Büro gestürmt kam, Dalia und ihre Familie seien weg aus Göttingen. Nach mehrmaligem Fragen und Drängen nach dem Verbleib ihrer Freundin hatte diese ihr offenbart, mit ihrer Mutter und ihren Geschwistern in ein Frauenhaus außerhalb von Göttingen geflohen zu sein. Zurückkommen konnten sie nicht mehr. Es waren relativ ruhige Wochen gewesen, wir erholten uns emotional von den letzten großen Ereignissen in unserer kleinen Arche in

Göttingen. Keiner rechnete mit dieser schockierenden Nachricht.

Dalias Familie wirkte nach außen wie eine der eher unauffälligeren Arche-Familien. Wir wussten, dass es auch hier bisweilen kleinere Probleme gab, denn wir begleiteten die Kinder schon seit Jahren. Aber diese Nachricht traf uns völlig unerwartet. Was musste passiert sein, dass eine Mutter einen so radikalen Schritt ging, sich gegen ihre Kultur erhob und bereit war, die daraus folgenden Konsequenzen in Kauf zu nehmen?

Wir versuchten sofort, die Mutter zu erreichen, um zu erfahren, was denn da los war. Leider bestätigte sich die Geschichte, Leyla hatte keinen Ausweg mehr gewusst, als ihre vier Kinder Dalia, Isabel, Walid und Ina sowie einige Habseligkeiten einzupacken und in ein Frauenhaus zu fliehen. Die Umstände der Flucht und Trennung von ihrem Mann waren katastrophal, einige Dinge erzählte uns Leyla noch am Telefon, einiges erfuhren wir dann im Verlauf der nächsten Tage und Wochen. Sie war sich ihrer Lage bewusst geworden, ertrug sie nicht, sondern handelte in diesem Moment selbstbestimmt und zielgerichtet. In der jesidischen Gemeinschaft, der Leyla angehört, gelten Frauen als »Besitz« des Mannes.

Die Nachricht, dass von heute auf morgen vier unserer Stammkinder, mit denen wir bis dahin die letzten Jahre fast jeden Tag in der Arche verbracht hatten, nie wieder da sein würden, stimmte uns traurig. Wie mussten sich Leylas Kinder in dieser neuen Lebenssituation fühlen, für die die Arche ein zweites Zuhause war? Auch die Aussicht auf regelmäßigen Kontakt und persönliche Treffen waren vorerst nur sehr gering, da die Familie nach dem Aufenthalt im Frauenhaus voraussichtlich Schutz suchend an einen geheimen und weiter entfernten Ort ziehen würde. Während des Telefonates konnten wir die Tränen nicht mehr zurückhalten – es brach etwas in uns zusammen. Es war ein Ohnmachtsgefühl, als hätte es einen Unfall gegeben und eine Familie wäre einfach über Nacht ausgelöscht worden. Wir hatten nur einige Minuten, um uns im Team zu informieren, mussten wir doch wieder für die Kinder und den Arche-Alltag da sein. Wenn ich heute zurückdenke, weiß ich nicht mehr, wie wir diesen Tag und den Rest der Woche bewältigt haben. Wir hatten keine Wahl, wir rissen uns zusammen, funktionierten bis zum Abend und fingen mit Verlassen der Arche wieder an zu weinen. Es hat einige Tage gedauert, aber irgendwie mobilisierten wir unsere Kräfte und stellten uns dieser aussichtslos erscheinenden Situation. Einige hätten sich vielleicht gefragt, was wir Arche-Mitarbeiter aus der Entfernung jetzt noch helfen konnten.

Wir selbst haben letztendlich gar nicht darüber nachgedacht, sondern unsere Stärke ausgespielt und das getan, was wir jeden Tag tun – *wir waren einfach da!* Wir fragten täglich bei Leyla nach, wie es ihr ging, und zeigten ihr, dass sie nicht alleine war – auch wenn wir viele Kilometer voneinander entfernt waren. Wir ließen sie nicht im Stich. Für uns war dies eine kleine Geste, es kostete uns nichts. Eine Geste, die jedoch ihre Wirkung hatte. Leyla bedeutete sie enorm viel. Sie hatte nicht das Gefühl, völlig alleine zu kämpfen. In einem Gespräch über die Tage außerhalb von Göttingen sagte sie einmal: »Ich dachte, ich sei verloren, alle hätten mich vergessen, nach dem Motto: ›Sie ist weg aus Göttingen, hat sich gegen uns entschieden.‹ Dann sah ich, dass ihr geschrieben habt, dass ihr mich vermisst und mir immer helfen werdet. Durch die regelmäßigen Nachrichten bin ich stärker geworden, ich merkte, dass ich Leute auf meiner Seite hatte, und konnte am Ende daraus die Kraft ziehen, nach Göttingen zurückzukehren.«

Einige Wochen später kam die schon zitierte Arche-Jugendliche wieder aufgeregt in die Arche gelaufen, diesmal mit der Neuigkeit, Dalia und ihre Familie seien zurück in Göttingen. Kurze Zeit später stand Dalia höchstpersönlich in der Arche. Ich merkte schnell, dass sie sich verändert hatte, aber die Freude war groß. Mit der Rückkehr begann für alle Beteiligten eine Phase, geprägt von emotionalen Höhen und Tiefen, Zweifeln, Hilflosigkeit, Kämpfen, Misstrauen und vielen klärenden Gesprächen. Die Kinder wurden durch das Familiengericht jeweils zu zweit auf beide Elternteile aufgeteilt. Leyla bekam als Auflage, in Göttingen wohnen zu bleiben, was unter den Umständen der Trennung und Flucht, wie auch der drohenden kulturellen Ächtung durch andere Familienmitglieder und Bekannte, sicherlich zu einem großen Kampf für sie wurde. Aber sie hatte keine andere Wahl. Um mit ihren Kindern zusammenbleiben zu können, musste sie zurück nach Göttingen.

So entschied sie sich für ihre Kinder und kam in den ersten vier Monaten mit Isabel und Ina, wie auch später mit Dalia, die ihren Umzug zur Mutter auf eigene Faust durchzog, im Göttinger Frauenhaus unter. Damit begann auch die Zeit, in der unsere tatkräftige Hilfe und Unterstützung gebraucht wurde. Leyla wusste trotz ihrer 13 Jahre in Deutschland fast gar nichts über ein Leben in eigener Verantwortung. Während ihrer Ehe hatte sie zwar einen Deutschkurs besuchen dürfen, alles andere wurde aber von ihrem Mann kontrolliert. Sie kannte die Namen der Lehrer ihrer Kinder nicht, durfte zu keinen Schulgesprächen und Behördengängen. Alleine einkaufen gehen, ein eigenes Konto oder Wissen über den Erhalt von Geld war ihr nicht gestattet. Sie kannte sich nicht einmal in Göttingen aus.

In den ersten Monaten dieser für sie schwierigen Zeit besaßen sie und ihre Kinder außer den wenigen Habseligkeiten, die mit auf die Flucht genommen wurden, fast nichts: Anziehsachen, Wertgegenstände und sogar das Kindergeld rückte der Vater nicht heraus, sodass die Familie von dem monatlichen Zuschuss von etwa 70 € vom Frauenhaus leben musste. Hiervon mussten Essen, neue Kleidung, Buskarten und die Wünsche der Kinder bezahlt werden, die ja nicht noch mehr unter der Situation leiden sollten. Wir mobilisierten alle Kräfte und unser soziales Netzwerk, um das Leben und den Neubeginn der Familie, so gut es ging, zu unterstützen. Auch taten wir alles

Mögliche, um den aufkommenden Zweifeln und Rückschlägen entgegenzuwirken, die Leyla zum Einknicken bringen konnten. Wir fragten immer wieder, was die Familie brauchte, und gaben ihr das Gefühl, uns trotz Scham um Dinge bitten zu können. So organisierten wir dringend benötigte Kleidung, Bettwäsche, Lebensmittel und Geld. Als Dalia sich weigerte, in die Schule zu gehen, und diese verlassen wollte, da ihr der Taschenrechner fehlte und das Sozialamt diesen nicht bewilligte, suchten wir eine Person, die bereit war, das Geld für den Rechner zu spenden.

Durch die Aufteilung der Kinder vermisste Walid seine Mutter schrecklich, sodass er eines Tages nach den Hausaufgaben von der Arche alleine mit dem Bus in die Stadt zu seiner Mutter fahren wollte. Er hatte Geld gespart und sich Anziehsachen in den Ranzen gepackt. Als wir hinter seinen Plan kamen und diesen unterbanden, stand ein fürchterlich weinender kleiner Junge in unserem Flur. Also riefen wir seine Mutter an, die, so schnell es ging, in die Arche kam. Auch diesen Tag werden wir nicht vergessen, vor allem den herzzerreißenden Abschied, als Walid sich abends von seiner Mutter trennen musste. Am Ende hielt ich den weinenden Walid – selber mit Tränen in den Augen – fest, und seine Mutter konnte schweren Herzens die Arche verlassen. Wir beschlossen, trotz gerichtlich geregelten Umgangsrechts eine weitere Lösung zum Wohle der Kinder zu finden, sodass Mutter und Kinder sich in der Arche sehen konnten – ohne Angst, dass ihr Mann dies gegen sie verwenden werde. Nach einigen Gesprächen erklärte sich der Vater dazu bereit und ein erstes Stückchen auf dem langen Weg zu einer verbesserten Kommunikation zwischen den Eltern war erreicht.

Es kamen harte Zeiten, die den Neuanfang immer wieder erschwerten, mit vielen *ups and downs*, vom Vater inszenierten kleinen »Spielchen« und Zweifeln. So überschüttete der Vater – im Gegensatz zur Geldnot der Mutter – die Kinder mit dem Erfüllen vieler ihrer Wünsche. Er behielt das Auto für sich und bestand auf der Übergabe der Kinder am etwas außerhalb liegenden Einkaufszentrum, anstatt die Arche als Treffpunkt zu akzeptieren. Im September fand die Familie endlich eine eigene Wohnung – aber außerhalb von Göttingen. Da die Frist im Frauenhaus endete und Leyla mit ihren drei Mädchen ausziehen musste, hatten sie keine andere Wahl, als diese auch anzunehmen.

Es folgten in den nächsten Monaten viele kritische Situationen und Erlebnisse, die die Mutter zum Zweifeln an sich selbst und auch an ihre Grenzen gebracht haben. Ohne Auto waren sie auf den Bus angewiesen, der jedoch nur bis zum Nachbarort fuhr, sodass das letzte Stück mit einem Linientaxi zu bewältigen war. Dieses konnte zum einen keinen Kinderwagen für die kleine Ina transportieren, zum anderen fuhr es im Winter bei Schnee nur sehr selten. Leyla und die großen Mädchen mussten nicht nur alle Einkäufe tragen, sondern auch Ina, die morgens auf dem Weg zum Kindergarten regelmäßig einschlief. So bekam Leyla bald eine Sehnenscheidenentzündung, aber sie musste weiter funktionieren.

Wir versuchten, alles in unserer Macht Stehende zu unternehmen, um sie zu stärken, damit sie für ihre Kinder da sein konnte. Auch in der Hoffnung, dass die Familie endlich zur Ruhe kommen werde. Vieles schaffte Leyla zwar bereits alleine, aber wir halfen, Möbel und weitere benötigte Dinge zu organisieren, unterstützten sie bei dem anfallenden Papierkram und hatten immer ein offenes Ohr für sie. Zum Beispiel übernahmen wir Ina, suchten für Leyla und Isabel zwei Jacken für den Winter, während der Zeit ihrer

Sehnenscheidenentzündung organisierten wir ihr eine Person, die mit ihr einen Großeinkauf machte und ihn zu ihr nach Hause transportierte. Als die öffentlichen Verkehrsmittel und Leylas Auto, das sie sich in diesem Jahr kaufen konnte, gleichzeitig streikten, fanden wir einen Fahrer, der die Familie nach Hause brachte und am nächsten Tag wieder abholte, oder schickten ihr einen Ehrenamtlichen, der ihr bei handwerklichen Aufgaben in der Wohnung half.

Trotz vieler Momente, die Leyla immer wieder zum Zweifeln gebracht haben, wie zum Beispiel eine Übergabe der Kinder bei starkem Schneefall, mit hohem Fieber und einem nicht fahrenden Linientaxi, sodass die restlichen Kilometer zu Fuß mit drei Kindern im Dunkeln zurückgelegt werden mussten, haben Leyla und ihre Kinder es geschafft. Auch Ächtungen durch die Jesidengemeinschaft, Angst und die ersten Wochenenden ohne Kinder brachten die Mutter am Ende nicht zum Einknicken. In einem rückblickenden Gespräch machte uns Leyla eins der größten Komplimente in unserer Arche-Laufbahn. Sie sagte, sie sei dank unserer Suche wieder zurück nach Göttingen gekommen und hätte ohne uns vieles nicht geschafft. Wir hätten ihr das Gefühl gegeben, dass es Leute gab, die hinter ihr standen. Auch hätten wir ihr ein »Dach« über dem Kopf gegeben, sie habe sich geschützt und sicher gefühlt und sehe die Arche als ihren Schutz- und Versteckort, wie ein zweites Zuhause. Hier könne sie ihre Sorgen und Probleme erzählen, Lösungen und Hilfe finden, sie werde hier so angenommen wie in ihrer Familie. Hemmungen und Scham habe sie nicht bei uns, wir hätten ihr genau die Hilfe gegeben, die sie benötigt habe.

Sie kann uns sich selber wie auch ihre Kinder anvertrauen, wir haben ihr Halt gegeben und sie fühlt sich gut bei uns. Für uns war und ist all diese Hilfe selbstverständlich, kein Mehraufwand, wir unterstützen, wo wir können. Es waren Kleinigkeiten, bei denen wir helfen konnten, im Vergleich zu dem, was Leyla und die Kinder alleine bewältigen mussten. Für Leyla haben wir aber mehr als nur unseren Job gemacht, sie sagt, wir haben mehr als nur gearbeitet, wir haben Persönlichkeit und Nähe gegeben, nicht nur Gegenstände wie Essen und Trinken, sondern unsere Arme geöffnet und Liebe gegeben. Ohne unsere Unterstützung hätte sie aufgegeben, wäre zurück zu ihren Eltern gegangen und hätte ihre Kinder hierlassen müssen.

Die Situation der Eltern hat sich in den letzten Monaten etwas beruhigt, es gibt ein wöchentliches Treffen der Kinder in der Arche, häufig sind auch beide Elternteile eine Zeit lang anwesend. Die Kommunikation und Absprache bezüglich der Kinder funktioniert ebenfalls. Der nächste Schritt für Leyla ist, ihren Sohn bei sich wohnen zu haben. Dieser versucht mit allen Mitteln, zu seiner Mutter ziehen zu dürfen – so hat er beispielsweise erreicht, bereits zum zweiten Mal einen Monat von der Schule suspendiert zu werden. Die Kinder sind alle viel ruhiger, glücklicher und ausgeglichener geworden, sodass der Freiheitskampf der Mutter trotz aller Kraft, die er gekostet hat, trotz Mühe und Kummer am Ende die einzig richtige Entscheidung war. Sie hat viele Opfer gebracht, damit ihre vier Kinder befreit und mit einer glücklichen Mutter in einem Zuhause ohne täglichen Streit aufwachsen können. Vor allem hat sie damit einen Meilenstein für die Zukunft ihrer drei Mädchen geschaffen.

Für uns ist Leyla ein Vorbild, eine bewundernswerte, starke Persönlichkeit, die nach 13 Jahren den Kampf für sich und vor allem ihre Kinder begann und ausbrach für ein Leben, das für den Großteil der europäischen Frauen selbstverständlich ist – ein Leben in Freiheit, mit Freunden, Stadtgängen und Hobbys. Zum Zeitpunkt der Flucht war sie im Ungewissen darüber, wie viel ihre Eltern und Geschwister ihr helfen konnten, was alles auf sie zukam, wie ihr Leben weiter verlaufen würde. Leyla hätte dies auch nicht ohne ihre starken, mutigen Kinder geschafft, die ihr bereits ab dem ersten Schritt aus der Haustür Unterstützung gegeben haben.

Unterhaltungen mit anderen jesidischen Frauen, die sie zur Rückkehr bewegen wollten und ihr das Gefühl gaben, ihre Aktion sei eine Schande, hat sie standgehalten. In vielen Gesprächen haben wir ihr offenbart, wie mutig sie ist, und unsere Bewunderung für ihre Leistung gezeigt. Diese Worte haben sie stark gemacht, ihr Selbstbewusstsein gegeben und ihr geholfen, sich nicht weiter beeinflussen zu lassen. Der Kampf dieser Mutter für sich und ihre Kinder ist eine große Inspiration und hilft uns heute, so manche Situation zu bewältigen.

Heute wissen wir, warum Leyla und ihre Kinder diesen Weg gehen mussten, warum alles von heute auf morgen passierte und wir als Arche nicht bereits vorher helfen konnten. Unsere Zeit der Unterstützung kam in einer späteren Phase der Geschichte und dauert bis heute an. Eins ist sicher: Wir sind immer für Leyla, Dalia, Isabel, Walid und Ina da, egal ob am Wochenende oder zu welcher Uhrzeit auch immer. So, wie wir für alle unsere Arche-Kinder und -Familien da sind. Wir leben Beziehungen mit allen unseren Arche-Kindern und auch einigen Eltern. Zum Einlassen auf Beziehungen gehört nicht nur das Erleben von Sonnenmomenten, sondern auch das Durchleben und Ertragen von schwierigen Situationen. Aber es lohnt sich immer, sich für diese Beziehungen zu öffnen, auch wenn damit in einigen Phasen Kummer und Schmerzen verbunden sind.

Es ist ein stetiges gegenseitiges Geben und Nehmen, sodass wir die Dankbarkeit von Leyla nur zurückgeben können. Wir sind dankbar, dass sie sich helfen ließ und wir dadurch auch ihren Kindern helfen konnten. Dankbar dafür, dass sie zurückkam und wir die Familie nicht verloren haben. Und wir sind vor allem dankbar für die vielen Situationen, in denen uns Leyla in den letzten Monaten in der Arche ausgeholfen hat. Die Arbeit in der Arche ist eine vielseitige, spannende Aufgabe, die wir mit großer Dankbarkeit, viel Herz und allen uns zur Verfügung stehenden Mitteln erfüllen.

Eine ganze Familie im Blick

Seit Eröffnung der Arche in Berlin-Treptow vor rund drei Jahren gab es kaum einen Tag, an dem uns Lisa und Ben nicht besuchten. Sie sind dreizehn und zehn Jahre alt und leben mit dem zweijährigen Kai und der gemeinsamen Mutter in einer sehr kleinen Wohnung. Es gibt in dieser Familie auch noch ein viertes Kind, ein Mädchen, das seit einigen Jahren in einem Kinderheim lebt und nur selten zu Besuch bei der Mutter ist. Die Kinder sind Halbgeschwister, jedes Kind hat also einen anderen Vater. Mit dem Vater von Kai, dem jüngsten Kind, ist die Mutter noch befreundet. Er wohnt auch ab und zu bei ihnen, hat aber weiterhin eine eigene Wohnung, in die er sich zurückzieht, wenn es ihm zu viel wird, so erzählt Lisa es uns immer wieder.

Lisa und Ben kommen immer direkt nach der Schule zu uns in die Arche. Meistens stürzen sie sich erst einmal hungrig auf das Obst, das wir den Kindern den ganzen Nachmittag über als kleinen Happen für zwischendurch anbieten. Danach werden die Hausaufgaben gemacht. Lisa ist da sehr gewissenhaft. Sie erzählt ausführlich, was alles zu erledigen ist, und startet dann auch sofort. Alle Aufgaben, die sie aus der Schule mitgebracht hat und durcharbeiten muss, erledigt sie in der Arche. Daheim bekommt sie keine Unterstützung, niemand sitzt an ihrer Seite und hilft bei den schwierigen Aufgaben, obwohl das unbedingt notwendig wäre. In der Arche werden Gedichte auswendig gelernt, Plakate gestaltet und das Wissen vermittelt, um einen Vortrag über ein bestimmtes Thema frei und ungeniert halten zu können. Um sich so richtig in ein Thema reinzudenken, kann Lisa konzentriert und mit vollem Elan im Internet recherchieren und bei Bedarf auch viele Fotos dazu ausdrucken. Die schriftlichen Hausaufgaben in den Hauptfächern Mathematik, Deutsch und Englisch lassen sich auch besser erledigen, wenn jemand danebensitzt und eventuelle Fragen beantworten kann. Sind alle Hausaufgaben gemeistert, darf Lisa sich ein Sternchen aufmalen. Sechs Sternchen benötigt man, um eine kleine Belohnung einzustecken. Das gilt für jedes Kind. Für Lisa sind die Sternchen ein großer Ansporn, die Übungen für die Schule gewissenhaft zu erledigen. Die Freude über einen Radiergummi oder ein paar Aufkleber kann riesig sein.

Verlässt Lisa völlig ausgepowert den Hausaufgabenraum, ist danach Entspannung angesagt. Entweder nimmt sie an den Freizeitaktivitäten teil, die in der Arche an jedem Tag anders aussehen, oder sie sucht nach einer Mitarbeiterin, die mit ihr Tischtennis spielt. Das tut sie voller Hingabe. Zwischen den Schlägen und dem Herumrennen um die Tischplatte findet sie auch noch Zeit, von ihrem Tag in der Schule oder von daheim zu erzählen. Lisa hat in den letzten Jahren sehr großes Vertrauen zu uns Arche-Mitarbeitern gefasst und erzählt offen von ihren Freuden, aber auch von ihren Sorgen. Zu Hause geht es nicht ganz so entspannt zu. Ihre Mutter ist mit dem Haushalt und den Kindern sehr schnell überfordert. Lisa springt dann ein und übernimmt Verantwortung, die mit der Zeit schwer auf ihren schmalen Schultern lastet.

An manchen Tagen trifft Lisa in der Arche ein, ohne uns zu begrüßen. Sie schleicht regelrecht um uns herum, versucht, uns aus dem Weg zu gehen. Wir können ihr Verhalten mittlerweile gut deuten. Meistens tritt die Stimmungsschwankung auf, wenn sie weiß, dass sie Läuse hat, peinlich berührt, wissend, dass zu Hause die lästigen Besucher auf ihrem Kopf keine Beachtung erhalten haben. Wir versuchen dann möglichst diskret, ihrer Mutter telefonisch Bescheid zu geben, damit sie Lisa abholt, um die Läuse sofort zu behandeln.

Die wöchentlich stattfindenden »Elterncafés« in der Arche ermöglichen uns, gute Gespräche mit den Eltern zu führen, auch mit Lisas Mutter. Ein vertrauensvolles Verhältnis ist mit der Zeit entstanden, und wir wissen, wie eine Unterstützung der gesamten Familie aussehen muss. Komplizierte Formulare für die Ämter müssen ausgefüllt werden, dazu braucht sie Hilfe. Bei Schwierigkeiten in der Erziehung ihrer Kinder stehen wir mit Rat und Tat zur Verfügung. Fehlt Kleidung oder Schulmaterial, kann die Mutter uns ebenfalls ansprechen. Die Sachspenden, die wir das Jahr über in den Archen erhalten, ermöglichen uns an dieser Stelle, unkompliziert und schnell zu helfen. Die Kinder und auch die Mutter freuen sich über die Hilfe, die ihnen häufig am Monatsende zuteil wird, wenn das Geld in der Haushaltskasse sich dem Ende zuneigt. Natürlich freuen wir uns, helfen zu können, sind dankbar, dass wir die Spenden auf so nützliche Weise einsetzen können.

Lisa und Ben nehmen auch gern an Ausflügen teil, denn die erleben sie nur äußerst selten. Der Mutter ist es zu kompliziert, mit Kinderwagen und Kleinkind beladen gewisse Fahrten mit den öffentlichen Verkehrsmitteln zu organisieren. Ein Auto besitzt sie nicht. Fahrkarten für die ganze Familie sind zudem teuer. Umso größer ist die Freude, wenn die beiden Kinder sich der Gruppe anschließen, die einen Besuch im Kino oder im Museum plant. Gemeinsam mit den anderen Kindern lernen die Geschwister tolle Spielplätze kennen, gehen Eis essen oder genießen einen Tag auf der Arche-Ranch, unserem Bauernhof in Brandenburg.

Wenn es Lisa nicht so gut geht, sucht sie die Nähe einer Arche-Mitarbeiterin und möchte einfach mal kurz in den Arm genommen werden. Gern besucht Lisa die Arche – sie erfährt hier Ruhe und Beständigkeit, ihre Besuche machen sie ausgeglichen und die festen Strukturen und Beziehungen geben ihr Sicherheit. In der Arche kann Lisa so sein, wie sie ist.

Ben kommt ebenfalls täglich zu uns. Die Hausaufgaben machte er anfangs nicht so gern, da unterschied er sich eindeutig von seiner Schwester. Bestimmte Regeln zu befolgen, fiel ihm ziemlich schwer. So kam es vor, dass wir am frühen Abend gemeinsam am Tisch saßen und zu Abend aßen. Eine familiäre Situation. Ben wollte nicht sitzen bleiben, war extrem laut, gereizt und aggressiv. Die ruhige Atmosphäre am Tisch, das gemeinsame Essen konnten den Jungen noch nicht erreichen und seine gereizte Stimmung in Balance bringen. Es mussten noch viele Gespräche und gemeinsame Erlebnisse folgen, die Bens aufgewühlte Persönlichkeit beruhigten. Mittlerweile erledigt er seine Hausaufgaben, niemand muss ihn mehr daran erinnern. Ben hat gelernt, bei Auseinandersetzungen mit anderen Kindern ruhig zu bleiben und uns zu Hilfe zu holen.

Aber besonders erfreulich ist, dass Ben zu uns kommt, wenn ihn etwas bedrückt. Da bedarf es keiner Aufforderung. Neulich nach dem Gitarrenkurs, den Ben fast teilnahmslos verfolgte, erzählte er den Mitarbeitern unter Tränen, dass er am Abend zuvor aus Wut seinen Bruder getreten habe. Es tat ihm unendlich leid, aber er war hilflos und wütend, weil die Mutter ihm nach einem Streit gedroht hatte, ihn ins Heim zu schicken. Seine Mutter werde immer so furchtbar laut – aber er wolle nicht angeschrien werden, sprudelte es aus Ben heraus. Nach dieser Aussprache griffen wir zu Stift und Papier, schrieben auf, was er seiner Mutter gern sagen wollte. Auf dem Blatt hielt Ben fest, was er in Zukunft anders machen wollte. Die Wünsche nach Veränderungen bei seiner Mutter schrieb er auch auf. Beim nächsten »Elterncafé« übergaben wir der Mutter den kurzen Brief. Sie nahm die Kritik ihres Sohnes an, sicherlich besser als in einer direkten mündlichen Konfrontation.

Ben liebt den Mittwochnachmittag. Seit Kurzem übernimmt dann ein richtiger Trainer das Fußballtraining und sorgt für ein ordentliches Spiel mit dem Ball. Der Trainer ist sehr engagiert und setzt sich für die Kinder aus dem Treptower Kiez ein. Ben ist begeistert und schleppt seine Kumpel aus der Schule mit zum Training, damit auch eine große Mannschaft zusammenkommt. Ben ist natürlich stolz, wenn es ihm gelingt, ein Tor zu schießen. Wenn er sich ungerecht behandelt fühlt oder er von anderen Kindern geärgert wird, vergisst er aber seine »gute Kinderstube« und wehrt sich immer noch gern körperlich, indem er Fußtritte an seine Gegner austeilt. Nach dem Spiel jedoch verträgt er sich wieder mit allen, und eine Entschuldigung für sein rüpelhaftes Benehmen hören wir auch aus seinem Mund, denn nach dem Training kommen die jungen Fußballer gerne zur Stärkung in die Arche und berichten mit vollem Mund euphorisch von dessen Verlauf.

Wenn ein Tag in der Arche endet, ist es Zeit, nach Hause zu gehen, aber nicht ohne ein freudiges »bis morgen, nach der Schule!«. Da sind sich Ben und Lisa einig. Wir freuen uns, wenn sie am nächsten Tag wieder zu uns hereinstürmen.

Harte Arbeit macht sich kaum bezahlt

Jasmin ist heute 32 Jahre alt und in Leipzig aufgewachsen. Als sie geboren wurde, waren die Eltern schon arbeitslos. Für Jasmin stand bereits früh fest, dass sie ihr Leben anders gestalten möchte, anders als ihre Eltern, die kein gutes Vorbild für sie waren. Doch ihr Leben nahm einen Lauf, der nicht ihren Vorstellungen entsprach. Sie drehte sich irgendwie im Kreis, obwohl sie es sich doch anders vorgenommen hatte und auch viel Kraft investierte, um einen anderen Weg zu gehen.

Gerade erst 15 Jahre war Jasmin alt, als sie ihr erstes Kind bekam. Pete wurde der Erstgeborene genannt. In den Jahren darauf folgten Ben und Lotta. Nach der Geburt von Pete gelang es Jasmin, den Realschulabschluss zu machen und eine Ausbildung anzufangen. Doch als dann Ben und später Lotta auf die Welt kamen, hatte sie so große Schwierigkeiten, dass sie die Ausbildung abbrechen musste. Bedingt durch ihren starken Willen und von dem Gedanken geleitet, ihren Kindern etwas bieten zu können und ein gutes Vorbild zu sein, schloss sie einige Jahre später eine Ausbildung zur Einzelhandelskauffrau ab. Jasmin lebte zu dieser Zeit in einer Mutter-Kind-WG. Neben der kräftezehrenden Erziehung ihrer Kinder arbeitete sie in der Gastronomie und der Gebäudereinigung. Eine Ausbildung zur Altenpflegerin folgte dann auch noch.

Mit keiner ihrer Arbeitsstellen konnte sie im Ganzen genug Geld erwirtschaften, um ihr Leben mit drei Kindern zu finanzieren und nicht auf die Hilfe des Jobcenters zurückgreifen zu müssen.

Es war ein beschämendes Gefühl, als Jasmin zum ersten Mal Lebensmittel von der »Tafel« bezog. Ein unangenehmer und würdeloser Moment. Sie fühlte sich als Hartz-IV-Empfängerin stigmatisiert. »Warum muss man sich so fühlen, wenn man doch arbeiten geht?«, fragte sie sich häufig. Nach ihrer letzten Ausbildung zur Altenpflegerin arbeitete Jasmin zuletzt als Teilzeitkraft in der Altenpflege. Mit einem 20-30-Stunden-Arbeitsvertrag verdiente sie zwischen 1 100 und 1 200 € brutto.

Durch die permanente Unterbesetzung an ihrem Arbeitsplatz musste Jasmin ständig für Kollegen einspringen und brachte es so auf teilweise bis zu 20 Überstunden in der Woche. Diese Mehrarbeit bekam sie nie bezahlt.

In Leipzig kann man natürlich auch zusätzliche finanzielle Unterstützungen beim Amt beantragen. Für den »Leipzig-Pass«, für Wohngeld oder für die Aufstockung mit Hartz IV müssen immer wieder neue Anträge ausgefüllt und gestellt werden. Mit jeder Veränderung in der Arbeits- und Lebenssituation der jungen Familie war somit wieder ein Antrag fällig. Häufig gab es nach der Antragstellung Komplikationen im Amt: Entweder arbeitete der zuständige Sachbearbeiter ungenau oder es gingen Unterlagen wie zum Beispiel der Lohnzettel verloren. Die genauen Ursachen für das Chaos konnten gar nicht mehr bestimmt werden, doch auf jeden Fall hatte es zur Folge, dass insgesamt 914 € zu viel an die Familie ausgezahlt wurden. Diese Überzahlung wird nun monatlich in Raten von jeweils 40 € zurückgezahlt, und das Gefühl, etwas Unrechtes begangen zu haben, bleibt.

Jasmin wurde depressiv und somit arbeitsunfähig. Seit April 2017 bezieht die junge Frau

Krankengeld. Weitere Anträge müssen gestellt werden, die Gänge zu den Ämtern reißen nicht ab. Jasmin musste ihre Haushaltsplanung massiv umstellen. Seit sie kein ALG 2, sprich Arbeitslosengeld 2, mehr bezieht, fallen auch das Wohngeld, das Bildungspaket, der Hortfreiplatz, das Mittagessen im Hort und Schulgeld weg. Die Abmeldung der nun achtjährigen Lotta vom Hort ist die Folge. Eine sehr ungewöhnliche Situation, denn in Leipzig geht fast jedes Kind nach der Schule in den Hort.

Jasmin versucht dennoch, ihren Kindern alles zu ermöglichen. Ben, der Zwölfjährige, spielt Fußball in einem Verein, doch Lottas Mitgliedschaft in diesem Fußballverein musste gekündigt werden. Seit der Umstellung auf das Krankengeld reicht das Geld dafür nicht mehr aus. Lotta macht das sehr traurig und auch ein bisschen wütend. Darüber hinaus bereiten die steigenden Mieten in Leipzig Jasmin Kummer. Aktuell zahlt sie 860 € pro Monat und eine Erhöhung der Miete ist bereits angekündigt. Gerne würde sie umziehen, in eine preiswertere Wohnung, aber günstigeren Wohnraum zu finden, ist momentan fast unmöglich. Immer wieder füllt sie neue Formulare aus, studiert neue Regelungen, um einen Umzug meistern zu können. Um ihre Ausgaben weiter zu reduzieren – so nahm sie jedenfalls an –, haben Jasmin und ihr Lebenspartner sich für eine räumliche Trennung entschieden. Seit er nicht mehr in der Wohnung lebt, erhält sie folglich jedoch weniger Geld vom Amt.

Bei den umfangreichen Unterlagen ist es schwierig, den Überblick zu behalten. Als einmal ein Sachbearbeiter des Leipziger Erwerbslosenzentrums Jasmins Papierkram durcharbeitete, gab er schnell auf. Er war überfordert und konnte nicht weiterhelfen.

Zu allem Übel ist Jasmins Mutter ebenfalls krank. Auch hier müssen Anträge ausgefüllt werden. Jasmins Vater versteht das Amtsdeutsch nicht, sieht sich außerstande, damit zurechtzukommen. Daher übernimmt Jasmin das Ausfüllen der Anträge für ihre Eltern. Immer wieder entstehen kleinere finanzielle Herausforderungen, die aus dem laufenden Familienbudget kaum zu stemmen sind: Mal ist es die Zahnspange – gesetzlich Versicherte haben zwar einen gesetzlichen Anspruch auf eine zuzahlungsfreie Behandlung, allerdings ist dies mit Bedingungen verknüpft –, mal ist es eine anstehende Klassenfahrt, deren Kosten bei ALG 2 nicht übernommen werden.

Für solche Zusatzkosten ist schlicht kein Geld da, auch der Unterhalt, den der Vater zu leisten hat, bleibt aus. In extremen Notsituationen wie dieser springt die Arche ein und übernimmt die Kosten.

59 € Unterhalt pro Kind müsste der Vater Jasmin theoretisch jeden Monat zahlen. Er ist selbstständig und sein Einkommen nicht stabil. Seiner Verpflichtung kommt er sehr unregelmäßig nach, häufig bleiben die Zahlungen aus. Jasmin schaltet dann ihren Anwalt ein. Dem Vater steht eine Pfändung bevor, doch bis das ausstehende Geld auf diese Weise eingetrieben ist, vergeht immer sehr viel Zeit. Es wäre eine Entlastung, wenn das Amt diese Zahlung vorstrecken könnte.

Pete, der älteste Sohn, ist nun 16 Jahre alt. Hoch motiviert geht er schon einigen Jobs nach, schließlich will er sein eigenes Geld verdienen. Regelmäßig trägt er eine Zeitung aus, unter der Woche, nach der Schule, übernimmt er für eine Pizzeria die Auslieferung von Pizzen. Pete verdient monatlich mehr als 450 €. Ein schönes Gefühl von Unabhängigkeit tut sich bei ihm auf. Er genießt es. Eine Ausbildung oder vielleicht auch ein Studium interessiert ihn momentan nicht. Auch den bald anstehenden Schulabschluss nimmt Pete nicht ernst.

Der Zuverdienst von Pete hat aber seine Tücken. Leider wird das schwer verdiente Geld mit den Einkünften der Familie verrechnet, also von Transferleistungen abgezogen. Die Familie ist enttäuscht. Es kommt das Gefühl auf, dass Arbeit sich nicht lohnt.

Pete fällt der Umgang mit Geld sehr schwer. Er schließt einen Handyvertrag ab und meldet sich in einem Fitnessstudio an, woran er aber schnell das Interesse verliert. Trotzdem werden die Beiträge weiter von seinem Konto abgebucht. Viele andere unnütze Sachen verlocken ihn. Er lässt sich von Angeboten ködern, die günstige Kredite bewerben. Seine monatlichen Ausgaben übersteigen schon bald seine Einnahmen. Zum Monatsende leiht er sich bei seiner Mutter Geld, das er aber immer wieder zurückzahlen muss. Gerade planen sie, einen Führerschein für Pete zu finanzieren. Auch dafür gibt es Kredite. Manchmal denken sie, dass es doch einfacher wäre, das Geld vom Amt zu beziehen, als es durch Arbeit zu verdienen.

Eine klare Vorstellung vom Leben

Jeanette Borchert leitet seit neun Jahren die Arche in Berlin-Wedding.

Das laute Klingeln des Telefons reißt mich aus meinen Gedanken. Tief versunken in die Planung der nächsten Kinderdisco – hoffentlich klappt es mit dem Druck der Flyer noch, wir sind knapp in der Zeit, hoffentlich werden die Teamshirts noch rechtzeitig geliefert –, bin ich erst kurz versucht, das Gespräch nicht anzunehmen. Aber diesen Gedanken verwerfe ich schnell wieder, denn wer anruft, benötigt entweder meine Hilfe oder es wird der Arche Hilfe angeboten. Für beides muss Zeit sein, die Kinderdisco kann warten.

»Die Arche Wedding, guten Tag«, melde ich mich. Stille. »Hallo? Ist da jemand? Hallo?« Schweigen.

Dann eine leise Stimme, die ich sofort erkenne: »Ich bin's.« Es ist Max. »Mir wurde gekündigt«, höre ich ihn weiterreden. Dann ist es still.

Nicht auch das noch, schießt es mir durch den Kopf. Nach seinen Problemen in den letzten Jahren habe ich ihm so gewünscht, dass es langsam, aber sicher wieder bergauf geht. Ich versuche, mir meine Gefühle nicht anmerken zu lassen, und frage ruhig: »Was ist passiert?«

Max druckst herum, kommt nicht so richtig zum Punkt. »Na ja, ich war halt ein paarmal krank. Du weißt doch, im letzten Jahr, mir ging es einfach nicht so gut. Und diese Arbeit hat auch keinen Spaß gemacht. Voll ausgebeutet haben die mich und kein Verständnis gehabt, wenn es mal nicht so rund gelaufen ist.«

Ich bleibe ruhig. Sicherlich weiß ich, dass die Ausbildung zum Gebäudereiniger nicht Max' Vorstellung von einem Traumberuf entspricht. Auch die vielen Probleme und Streitigkeiten im vergangenen Jahr innerhalb seiner Familie waren eine Belastung für den Heranwachsenden.

»Mein Vater wird enttäuscht sein von mir«, höre ich ihn sagen.

In dem Moment wird mir schlagartig bewusst, dass ich die Erste bin, der Max die Neuigkeit beichtet. Ich bin gerührt über so viel Vertrauen, das er mir entgegenbringt, weiß aber auch um die Verantwortung, die ich nun automatisch übernommen habe. Kurz überlege ich, seit wie vielen Jahren ich Max jetzt schon kenne. Er war eines der ersten Kinder, die die Arche in Berlin-Wedding besuchten. Bilder unserer Eröffnungsfeier tauchen vor meinen Augen auf. Ich sehe ihn ziemlich genau vor mir stehen, den kleinen, schmalen Jungen, der neugierig und interessiert durch die Räume spaziert. Seine Augen scheinen die neuen Eindrücke förmlich aufzusaugen. Schnell schließt der Junge erste Freundschaften. Das ist jetzt fast neun Jahre her und Max ist mittlerweile 18 Jahre alt.

Seit der Eröffnung damals kommt er in die Arche, aber nie zu festen Zeiten. Er ist kein typisches Arche-Kind. Von Regelmäßigkeit und Beständigkeit keine Spur. Max ist da, wenn er Lust dazu hat. Oder aber dann, wenn die Not groß ist, wenn er Hunger hat, wenn Probleme auftauchen, die er alleine nicht bewältigen kann.

Läuft es in der Familie mal wieder nicht so richtig rund, hat niemand Zeit für den Jungen, dann weiß er, dass er in der Arche immer willkommen ist. Hier bekommt Max von den Mitarbeiterinnen das, was in solch einem Moment das Wichtigste ist: Zuneigung und Aufmerksamkeit. Über all die vielen Jahre konnte tiefes Vertrauen entstehen. Bei dem Gedanken, dass er immer von ein und demselben Teller isst, der grüne muss es stets sein, beginne ich zu schmunzeln. Dieses Ritual gibt Max ein Stück Sicherheit.

»Bist du noch dran?«, tönt es vom anderen Ende der Leitung. Kurz muss ich mich sammeln. In meinem Kopf rattert es. Wer muss nun informiert werden, was ist zu tun? Und ganz wichtig: Wie stellt Max sich eigentlich seine Zukunft vor? Am Telefon lässt sich das nicht so gut besprechen. Vorwürfe muss ich ihm jetzt auch nicht machen, obwohl ich von der Situation nicht gerade begeistert bin, doch das hilft nicht weiter. Max braucht unsere Unterstützung, damit das Ganze jetzt nicht aus dem Ruder läuft. Ich schlage ein Treffen in der Arche vor, und als ich den Termin in meinem Handykalender eintragen will, wird mir bewusst, dass Max auf dem Festnetzanschluss der Arche angerufen hat.

»Wusste gar nicht, dass du unsere Festnetznummer hast. Ist das nicht teurer für dich, vom Handy aus unter dieser Nummer anzurufen? Du weißt doch, dass ich am besten mobil zu erreichen bin, gerade in Notfällen«, versuche ich ihm zu erklären. Es wird still in der Leitung. Ich plappere weiter, will ihn nicht verunsichern oder ihm das Gefühl geben, etwas Falsches gemacht zu haben: »Du kannst natürlich auch gerne hier anrufen, kein Ding. Bin nur verwundert.« Es bleibt still. »Max, bist du noch da?«, frage ich.

Es dauert eine Weile, bis die Antwort folgt: »Ich habe mein Handy verloren.«

Jetzt verschlägt es sogar mir für einen Moment die Sprache. »Und von wo aus rufst du an? Woher hast du überhaupt die Nummer?«

Seine Antwort kommt prompt, diesmal ohne Zögern: »Ich habe bei einem Kumpel im Internet nach der Seite der Arche gesucht, dort findet man eure Nummer recht schnell.«

Ein zweites Mal innerhalb kurzer Zeit macht mich dieser Junge sprachlos, aber diesmal finde ich die Worte recht schnell wieder. Ich bin stolz auf ihn und sage es ihm auch: »Haste gut gemacht!«

Jetzt endlich vereinbaren wir einen Zeitpunkt für unser Treffen. Ich verabschiede Max mit der

Bitte, sich bis zum Treffen Gedanken zu machen, was er gerne machen möchte und wie sein Weg aussehen soll. Die Initiative muss von ihm kommen, die nötige Unterstützung kommt von uns. Auch lege ich ihm noch ans Herz, seinen Vater anzurufen: »Er wird dir schon nicht den Kopf abreißen. Das wird schon.«

Zwei Tage später sitzen wir im Garten der Arche. Es ist einer der ersten schönen Frühlingstage, die einen fast schon an Sommer denken lassen. Wir sitzen vor seinen Unterlagen, besprechen die Situation. »Hast du dir Gedanken gemacht, wie es weitergehen soll?« Ich möchte ihn nicht unter Druck setzen, aber klar ist, dass er den Weg vorgeben muss.

Meine Sorgen waren umsonst, die Antwort kommt ohne Zögern: »Ich möchte eine Ausbildung zum Bäcker machen.« Mir liegt die Frage auf der Zunge, wie er auf diese Idee gekommen ist, aber Max redet begeistert weiter: »Ich hab schon immer gerne gebacken, besonders mit Oma zusammen. In der Küche fühle ich mich wohl.«

»Du weißt aber schon, dass du dann mindestens genauso früh aufstehen musst wie bei deiner letzten Ausbildung? Und auch körperlich steht das Bäckerhandwerk deinem letzten Job in nichts nach«, gebe ich ihm zu bedenken.

Meine Sorge, dass seine Motivation dieser Herausforderung nicht gewachsen ist, entkräftet er mit einem Satz. »Ich hab da wirklich Lust drauf. Und wenn ich auf etwas Lust habe, kann ich mich dazu auch motivieren. Du weißt doch, wenn ich etwas richtig will, dann schaffe ich das auch.« Er spricht voller Überzeugung und Selbstbewusstsein, und ich kann nicht anders, als mich von seiner Begeisterung anstecken zu lassen.

Plötzlich muss ich an unser Telefonat denken: »Hast du mit deinem Vater gesprochen?« Ich habe kurz den Eindruck, dass Max' Stimmung kippt.

Er sackt ein wenig zusammen, senkt den Kopf und unter der Basecap bleibt nicht mehr viel von seinem Gesicht zu erkennen. »Ich habe ihn gestern erreicht. Na ja, begeistert war er nicht, und ich glaube auch, er war ziemlich enttäuscht. Hat es nicht so direkt gesagt, aber ich habe es an seiner Stimme erkannt.« Mit einem Ruck richtet er sich wieder auf: »Aber er hat auch gesagt, dass er mich unterstützt, dass er für mich da ist. Ich kann auf ihn zählen, das weiß ich.« Seine Reaktion zeigt mir einmal mehr, wie wichtig sein Vater für ihn ist.

Selbstverständlich ist das nicht. Obwohl er nicht Max' leiblicher Vater ist, hat sich das Verhältnis nach dem plötzlichen Tod der Mutter vor etwas mehr als einem Jahr eher intensiviert, ist noch inniger geworden. Max ist dem Vater in dieser schweren Zeit eine unglaubliche Stütze, hilft ihm, wo er nur kann, und unterdrückt dabei seine eigene Trauer fast komplett. Das fordert seine ganze Kraft, und es ist somit auch nicht verwunderlich, dass er in dieser Zeit seine Ausbildung vernachlässigt, oft krank ist.

Häufig, wenn Max in dieser Zeit bei uns in der Arche war, versuchten wir, ihn, so gut es ging, zu unterstützen und für ihn da zu sein. Dann der Umzug. Aus finanziellen Gründen musste der Vater die gemeinsame Wohnung recht schnell auflösen. Er wollte, dass Max bei ihm blieb, aber Max hatte andere Pläne, wollte auf eigenen Beinen stehen. Und fand hierfür auch eine Lösung. Die Mutter eines Freundes nahm ihn bei sich auf, nachdem der eigene Sohn ausgezogen war. Die beiden gründeten eine Wohngemeinschaft.

»Ich finde es wirklich toll, wie ihr beide, dein Vater und du, euren Weg gefunden habt, ohne euch dabei zu verlieren.« Ein Lob muss sein, denn ich habe in den letzten Jahren in der Arche schon so manche Familie in ähnlicher Situation auseinanderbrechen sehen.

»Bevor wir deine berufliche Ausbildung angehen, und ich habe da schon eine Idee, wo wir mal nachhören können, musst du dich beim Amt melden.« Auf meine Worte hin verändert sich der Gesichtsausdruck von Max.

Zu diesem Thema hat er eine eindeutige Meinung: »Ich werde mich nicht arbeitslos melden, will kein Hartz IV. Auf gar keinen Fall will ich das.«

Die Reaktion des sonst eher ruhigen Jungen zeigt mir, dass jetzt all meine Überredungskünste gefragt sind. »Aber wer soll denn deine Rechnungen bezahlen, wer übernimmt die Miete und wer kommt für deine Krankenversicherung auf?«

Er schaut mich ratlos an.

»Es geht doch nur um eine zeitweilige Unterstützung, damit du in Ruhe eine neue Ausbildung suchen kannst. Danach bist du doch wieder vollkommen selbstständig.« Ich weiß, Unabhängigkeit bedeutet Max viel. Das hat er zuletzt mit seinem Umzug in die Wohngemeinschaft bewiesen. Aber ohne staatliche Unterstützung kommen wir an diesem Punkt nicht weiter. »Ich kann dich ja verstehen, aber für die Dauer der Suche sind wir auf Hilfe angewiesen.«

Max murrt: »Ich weiß, was Hartz IV heißt. Wohnen in einer kaputten Bude, für die die ganze Kohle draufgeht, und für das Essen bleibt nix übrig.« Er redet sich in Rage, seine Stimme wird lauter, er beugt sich zu mir rüber: »Ich habe das alles schon erlebt, mit Mama, damals. Ich hasse Arbeitslose, ich will keiner von denen sein. Verstehst du nicht, ich will auf eigenen Füßen stehen, niemandem Rechenschaft schuldig sein. Möchte ein ganz normales Leben haben, morgens zur Arbeit gehen, abends nach Hause kommen, am Wochenende chillen. Und irgendwann bin ich alt und gehe in den Ruhestand. Vielleicht noch Familie, aber frühestens mit 30. Davor will ich einfach erst mal nur leben.«

Ich bin erst mal baff. Eine recht klare Vorstellung, die er da von seinem Leben hat. »Gut. Dann lass uns etwas dafür tun, dass dein Leben so wird, wie du es dir vorstellst. Wir machen jetzt zusammen einen Plan.« Ich sehe, wie sich seine Haltung entspannt. Also rede ich weiter: »Es führt kein Weg daran vorbei, dass du dich so schnell wie möglich beim Amt vorstellst.« Ich halte kurz inne, um die Reaktion abzuwarten.

Max bleibt ruhig, auch wenn ich deutliche Abneigung gegen meinen Vorschlag spüre. Er holt Luft, um etwas zu sagen.

Doch dazu lasse ich es gar nicht kommen, rede einfach weiter: »Wenn du dort hingehst, handelt es sich lediglich um eine kurzfristige Unterstützung, bis wir eine Ausbildung für dich gefunden haben. Je mehr du dich bemühst, desto schneller bist du wieder unabhängig. Es liegt alleine bei dir.«

Sein Blick sagt mir, die Message ist angekommen. »Meine Bewerbungsunterlagen sind eigentlich fertig, ich muss sie nur aktualisieren.«

Guter Plan, denke ich, so kann es was werden. »Wollen wir uns deine Unterlagen hier in der Arche noch mal gemeinsam anschauen?« Ich weiß um seine Lese-Rechtschreib-Schwäche und hoffe, dass sie uns die Suche nach einer passenden Ausbildungsstelle nicht erschwert.

»Machen wir, ich bringe sie beim nächsten Mal mit.« Ein erster Schritt in die richtige Richtung ist gemacht, und Max weiß, welche Aufgaben er zu erledigen hat.

Nur einige Tage später zeigt sich, dass sich die Mühe gelohnt hat. Der für Max so schwere

Gang zum Amt ist überstanden. Glücklicherweise hat sich auch ein neues Handy gefunden, was die Kommunikation mit ihm wesentlich erleichtert. Als er mich anruft, wirkt seine Stimme fröhlich und die Worte sprudeln nur so aus ihm raus. »Ich brauche einen Mietvertrag, und ein Konto muss ich auch eröffnen, haben die vom Amt gesagt.« Kurze Pause, ich höre es rascheln, er kramt in seinen Unterlagen. »Für das Probearbeiten in der Bäckerei muss ich eine ›rote Karte‹ vorlegen. Was ist denn das, wo bekomme ich die her? Kannst du mir helfen?«

Bei so viel Energie und Motivation fällt mir die Antwort nicht schwer. »Klar kann ich dir helfen. Dafür bin ich doch da.« Ein erleichtertes Seufzen am anderen Ende der Leitung. »Aber jetzt erst mal der Reihe nach. Den Mietvertrag muss die Mutter von deinem Freund ausstellen. Das wird die einfachste von allen Aufgaben sein. Zur Bank begleite ich dich, das machen wir gemeinsam.« Die »rote Karte«, damit ist der Nachweis für eine Belehrung nach dem Infektionsschutzgesetz gemeint, können wir auch besorgen. Dieser Teil der Angelegenheit stellt uns somit hoffentlich vor nicht allzu große Schwierigkeiten. Was mich aber viel brennender interessiert, ist, was es mit dem Probearbeiten auf sich hat. »Was ist denn nun bei dem Vorstellungsgespräch in der Bäckerei rausgekommen?«, frage ich Max. Nach meinem Gespräch mit dem Bäcker hatte ich ein sehr positives Gefühl. Er schien offen und engagiert zu sein, bereit, sich auf Max einzulassen. Ich bin gespannt, ob Max das genauso empfindet.

»Ach, das war super. Total nett und unkompliziert. Meine Lese- und Schreibschwierigkeiten haben ihn gar nicht wirklich interessiert«, berichtet Max. »Ich kann jetzt erst mal zum Probearbeiten kommen, und wenn alles gut läuft, mache ich bis zum Sommer ein Praktikum, bevor ich mit der Ausbildung loslegen kann«, erklärt er mir.

Ich bin erleichtert und wünsche mir sehr, dass Max das alles schafft, er dranbleibt und seine Motivation nicht nachlässt. Es geht um seine Zukunft, um seine Vorstellung von einem Leben, wie er es leben möchte. Ich glaube, er hat begriffen, dass es, zumindest zu einem großen Teil, in seiner Hand liegt, wie es sich gestaltet. Und wenn er Unterstützung braucht, weiß er, wo er sie bekommt. Ein Anfang ist gemacht.

Ein Augenblick

Ein Augenblick ist ein Moment, der eben noch nicht war, jetzt ist und gleich nicht mehr sein wird. So kurz er auch sein mag, er kann ein Leben für immer prägen. In unseren Köpfen bleibt der Augenblick haften, in der Seele verankert, gerade dann, wenn wir es nicht wollen.

Tina, Sven und Lars besuchen regelmäßig unsere Arche in Meißen. Die Geschwister halten zusammen. Gemeinsam haben sie schon einiges erlebt. Gemeinsam sind sie stark. Unsere tägliche Aufgabe ist, diese jungen Menschen im Blick zu haben, genau hinzuschauen und die uns anvertrauten Kinder kennenzulernen. Nicht nur eine Herausforderung für uns als Arche-Mitarbeiter, sondern auch für die Eltern. Die Kinder bereiten ihnen große Schwierigkeiten. Um einen anderen Menschen wahrzunehmen, bedarf es eines Blickwechsels: weg von mir – hin zum anderen.

Bei unserem monatlichen Elterntreff erarbeiten wir gemeinsam mit den Eltern, wie uns ein würdevoller und liebevoller Umgang mit den Kindern und Jugendlichen gelingt. Die inhaltliche Unterstützung der Eltern ist uns wichtig. Wir erklären, dass der junge Mensch über verschiedene Verhaltensweisen, sozusagen über eine bestimmte Sprache, Liebe am ehesten empfängt und er deswegen auch Menschen braucht, die sie sprechen können.

Die Sprache zeichnet sich aus durch Lob und Anerkennung, gemeinsame Zeit, Geschenke, praktische Hilfe und Körperkontakt. Unser Ziel ist es, die Eltern zu »Sprachexperten« zu machen und sie so auszurüsten, dass sie lernen, ihre eigene Sprache, also Verhaltensweisen, zu erkennen und die ihrer Familienmitglieder. Dazu zählt auch der Lebenspartner. Jeder weiß, dass es schön ist, wenn man weiß, wie der andere so tickt. Wir versuchen, mit Unterstützung von entsprechender Literatur und Arbeitshilfen gemeinsam mit den Eltern zu erarbeiten, sich selbst und den anderen zu verstehen, Dinge einzuordnen und entsprechend aktiv zu werden.

Sven ist laut, wild und aggressiv, so schildern ihn seine Eltern. Wir erleben ihn bei uns in der Arche auch anders. Konzentriert, still, hilfsbereit und interessiert. In der Arche vermitteln wir Werte. »Du bist toll« und »schön, dass es dich gibt« sind nur einige Beispiele dafür. Sätze, die Sven außerhalb der Arche selten zu hören bekommt. Er funktioniert ja auch nicht so, wie andere es gern hätten. Wir erinnern uns: Sven ist laut, wild und aggressiv. Durch sein Verhalten und sein ausdrucksstarkes Ego fällt er auf. Der Junge braucht Motivation, jemanden, der mit ihm geht, einen Unterstützer. Er »schreit« nach einem »verbindlichen Partner«, einem, der nicht gleich aufgibt, wenn es mal knifflig wird.

Zu Hause erlebt Sven Augenblicke der Wut und Verzweiflung. Seine überforderten Eltern sind sich nicht nur in der Erziehung des Kindes nicht einig, sondern haben auch mit sich selbst zu tun. Streit und Krisen kennt Sven zur Genüge – blöd ist, wenn sie nicht enden.

Wenn die Kindheit aus einem fortlaufenden Konfliktprozess besteht, erzeugt das emotionalen Stress. Stress, der Kinder anstrengt. Stress, der müde macht. Sven ist gestresst, angespannt und perspektivlos. Auf der Suche nach Nähe nimmt er sogar Konflikte und Auseinandersetzungen in Kauf. Absichtlich räumt er sein Zimmer nicht auf, damit sich dann wenigstens einer mit ihm beschäftigt. Auch im Freizeitbereich behält er dieses Verhalten bei und gerät dadurch oft mit Kindern aneinander, obwohl er gar nicht auf Streit aus ist. Er braucht Nähe und Zuspruch.

Es erfordert Zeit und diesen Blick, das Verhalten zu deuten, zu erkennen und eine Antwort auf die Frage zu finden: Was brauchst du? Und dann bringt es eben nichts, das Kind mit Geschenken zuzuschütten. Jeder freut sich über etwas, aber es ist für ein Kind eben kein Liebesbeweis. Sven bräuchte öfter mal eine Umarmung, ein aufmunterndes Wort. Das geht manchmal schwer über die Lippen, wenn man sein provokantes Verhalten erlebt. Doch bei dieser Erkenntnis bleiben wir nicht stehen, sondern arbeiten gemeinsam mit den Eltern weiter.

Inspiriert durch eine Spende in Form einer Pizza und das Aufteilen in viele einzelne Stücke, fiel uns der Einstieg in die Thematik für unseren nächsten Elterntreff nicht schwer. »Familienpizza« war das Thema. Aus einer Ansammlung von unterschiedlichen Begriffen konnten die Kinder und die Elternteile ihre Worte wählen und eine

Familienpizza daraus zusammenbasteln unter Berücksichtigung der Fragen: »Was gehört in unsere Familie, welche Zutaten werden benötigt?« und: »Welche Zutaten brauchen wir nicht?« Stetig arbeiten wir an dieser Thematik weiter und stärken so die Familien. Das ist eine wichtige und verantwortungsvolle Aufgabe.

Eine Zeit lang schlafen die drei Geschwister Tina, Sven und Lars in einem gemeinsamen Bett, obwohl sie dafür vielleicht schon viel zu alt sind. Sie suchen die Nähe und den Zusammenhalt. Wenn sich Kinder nachts, mit der Bettdecke im Arm, auf den Weg ins benachbarte Kinderzimmer machen, dann spricht das eine deutliche Sprache. Jetzt braucht es eine nachfragende Haltung und Zuwendung, kein Bestrafen oder Schimpfen. Die Kinder brauchen unseren Schutz vor Augenblicken, die Angst einjagen. Wir können sie stark machen, Dinge auszuhalten oder sich ihnen entgegenzustellen. Wir können sie davor bewahren, indem wir zum Beispiel gemeinsam die Medien erkunden, ihnen ein Gefühl für den richtigen Umgang damit vermitteln, ihnen sinnvolle und altersgerechte Filme anbieten und für gute gemeinsame Familienerlebnisse sorgen.

Immer wieder versuchen wir, Sven in den Alltag der Arche einzubinden und ihn zu fördern. Er kocht gerne mit uns, hilft bei Arbeiten im Außengelände und ist für Sportangebote zu begeistern. Anspannung erkennen wir schnell, können sie an seinen Augen ablesen. Sie haben nicht nur schon viel zu viele Dinge gesehen, die ein Kinderherz bedrücken, sondern ihnen ist auch abzulesen, wenn er Entlastung braucht. Um dafür zu sorgen, arbeiten wir an verschiedenen Stellen, im Elternkontakt, im Austausch mit dem Jugendamt und natürlich im Arche-Alltag.

Zeit ist eines unserer wichtigsten Arbeitsmittel. Deshalb sind wir dankbar für jede Person, die ehrenamtlich Zeit in Kinder und Jugendliche investiert. Fachkompetenz allein würde uns nicht helfen, hätten wir nicht den Zugang zu den Kindern und die entsprechende Zeit mit ihnen. Unser Ziel ist also, Raum zu schaffen für Momente, für gute Augenblicke. Wir brauchen mehr von diesen Augenblicken des Vertrauens, des Zutrauens. Nur dann können wir Botschafter sein und Liebe weitergeben. Für Lars, Sven, Tina – oder wer auch immer gerade wichtig ist.

Schrei nach Liebe

Marcel Brettschneider ist Mitarbeiter der Arche Meißen.

»Wo steckt Klarissa?«

Über einen Zeitraum von mehreren Wochen erhielten wir diese WhatsApp-Nachricht fast täglich auf dem Arche-Handy. Manchmal wussten wir es und gaben die Information weiter, oft waren wir uns auch unsicher, ob wir den Aufenthaltsort herausgeben sollen – zum Schutz des Mädchens. Und an einigen Tagen machte ich mich persönlich auf den Weg, um Klarissa zu suchen, so auch an diesem Tag.

Klarissa ist 13 und durchlebt die teenagertypischen Spannungen zwischen »kein Bock auf Schule« und Stress zu Hause. Nicht selten hängt dieser Ärger mit dem vorübergehenden Verschwinden des Mädchens zusammen.

Seit einigen Tagen schon ist Klarissa verschwunden. Sie ist nicht zu Hause aufgetaucht und auch nicht in unserer Einrichtung. Das ist leider kein Einzelfall. Schon länger bin ich persönlich mit ihrer Geschichte vertraut und mache mich auf den Weg. Ich blicke auf viele Gespräche und Momente zurück, in denen sie von mir und den Kollegen und Kolleginnen Hilfe und Zuspruch erfahren konnte. Doch immer wieder kam es zu Kontaktabbrüchen und Ausreißeraktionen. Über den vielleicht nervenkitzelnden Kick sind wir dabei aber schon lange hinaus. Es geht um mehr. Aber um was?

Ich steige ins Auto und fahre los. Kein alltäglicher Vorgang, die Aktion muss mit dem Team beraten und abgestimmt werden. Schließlich kommen viele Kinder in die Arche, die alle Betreuung brauchen. Heute ist es möglich. Wer soll sie suchen, wenn nicht ich, denke ich. Vielleicht eine letzte Bezugsperson. Ein vertrauter Mensch. Einer, der sie kennt.

Die Telefonate mit der Mutter mit der Bitte, das Kind auch als vermisst zu melden, bleiben erfolglos. Eine Starrheit, die man als Fachkraft und Elternteil nur schwer nachempfinden kann. Fragen drängen sich auf. Vielleicht auch die bittere Erkenntnis, dass die vermuteten Gründe für Klarissas Verhalten tiefer verankert sind.

»Trägt die Arbeit der Arche Früchte?« oder »Gibt es denn Erfolge zu verzeichnen?« werden wir oft gefragt. Ja – die gibt es. An diesem Tag war es ein Erfolg, dass eine Freundin des Mädchens mir einen Tipp zum Aufenthaltsort von Klarissa gab. Kein Verrat. Eher ein: »Es wäre gut, wenn du dort hinfährst und sie dort herausholst.« Kinder und Jugendliche erkennen die Bausteine unserer Arche-Arbeit. Sie wissen und verstehen, warum wir tun, was wir tun, weil wir es ihnen sagen. Ich gebe täglich viel von mir und meiner Person in die Arbeit in Form von ausgearbeiteten Impulsen oder kleinen Anregungen im Gespräch. Durch die gute Beziehungsarbeit vertrauen uns Kinder und wissen die Arbeit zu schätzen.

Ich telefoniere mit der Wohnungsbesitzerin, einer jungen Frau mit Kind. Sie streitet ab, dass Klarissa bei ihr sei. Mit einer Mischung aus Angst, Wut, Entschlossenheit und auch etwas Ungewissheit fahre ich zur genannten Adresse und will es trotzdem überprüfen. Nach einigem Suchen finde ich die Wohnung, drücke die Klingel, stelle mich vor und – mir wird Zutritt zur Wohnung gewährt. Warum, verstehe ich nicht. Ein Wunder?

Sinneswandel? Meine inneren Fragen bleiben vorerst unbeantwortet.

Ich betrete die Wohnung, die nicht gerade aufgeräumt wirkt, auf jeden Fall nicht sauber ist. Aber sie ist gemütlich eingerichtet. Ich biege um die Ecke des Flurs und sehe Klarissa auf der Eckcouch sitzen. Stark geschminkt, ihr Aussehen entspricht nicht ihrem Alter. Klarissa wirkt verhalten, fast verschlossen, als ob wir uns gar nicht kennen würden und ich ihr fremd wäre. Ein blödes Gefühl. Aber ich kenne es. Oft schon gab es solche Tage. Es sind Tage, an denen ich mich frage, was sie alles schon ertragen musste, wie sehr sie gebrochen ist. Ein immer wieder wechselndes Verhalten zwischen Aufgeschlossenheit, fast distanzloser Nähe und einer starken Verschlossenheit.

Ich versuche, ihren Blick einzufangen und sie zu begrüßen. Kurz spreche ich mit ihr, spüre aber Widerstand. Ihr Verhalten wirkt angepasst und eingeübt. Allen ist klar, warum ich da bin. Allen ist aber auch klar, warum Klarissa hier ist. Sie will nicht nach Hause. Nicht jetzt und schon gar nicht unter diesen Umständen. Ganz egal, wo sie in den letzten Jahren steckte, sie war nicht allein. Immer mit einer Freundin unterwegs oder bei einer Freundin untergeschlüpft. Sie ist auf der

Suche. Auf der Suche nach etwas, was sie vielleicht selbst nicht weiß, zumindest nicht kennt: Liebe, Zusammenhalt, ein Nachgehen und klare Linien. Grenzen und Möglichkeiten, innerhalb derer sie sich bewegen kann. Leider landet sie bei ihrer Suche immer bei Menschen, die mit diesen Dingen selbst keine Erfahrungen oder ihre Schwierigkeiten damit haben.

Ich versuche, Klarissa zu einem Gespräch in einem separaten Raum zu motivieren, da, wo wir ohne die Anwesenheit der jungen Erwachsenen reden können. Während wir Richtung Badezimmer gehen, kommt Vincent, ein ehemaliger Arche-Jugendlicher, zur Wohnungstür herein. Sein Rucksack fliegt in die Ecke. Er steckt sich eine Zigarette an und spielt erst mal eine Runde an der Playstation. Nebenbei begrüßt er mich etwas überrascht und genervt. »Die Maßnahme vom Jobcenter ist anstrengend«, höre ich ihn sagen. Es ist 14 Uhr. Vincent ist 17 Jahre alt.

Mein Einzelgespräch mit Klarissa zeigt leider keinen Erfolg. Zu stark sind die anderen Einflüsse, die gerade auf das Mädchen einwirken. Sie will diese »Auszeit« nicht aufgeben, die da bedeutet: Schule schwänzen, ausschlafen, rauchen, schminken, abhängen – einfach tun, was sie will. Ich würde eher sagen: tun, was die anderen wollen. In diesen Tagen ist sie oft mit der jungen Frau auf einer Internetplattform online. Sie filmen sich und übertragen das per Livestream. Diesem Stream kann man folgen und Kommentare schreiben. Sätze, die sie vielleicht sonst nicht hört: »Du bist toll«, »du siehst gut aus«, »das, was du gerade machst, finde ich gut«. Das ist eben die Bestätigung, die außerhalb der Familie stattfindet.

Das Team der Arche Meißen beschließt, ihre Familie und die Betreuer vom Jugendamt über den Sachverhalt zu informieren. Ja, das Kind ist wieder in die Familie zurückgekehrt. Wir bleiben dran. Es folgen viele weitere solcher Tage und Wochenenden bis hin zu einer Vermisstenmeldung. Auch dort sind wir wieder unterstützend tätig. Schließlich beschließt das Jugendamt eine externe Unterbringung – Endstation Wohngruppe. »Sie ist selber schuld, so wie sich verhält«, sagt die Mutter. Ist sie das?

Arm bleibt arm – ein Fazit

Vom Tellerwäscher zum Millionär. Dieser typisch amerikanische Traum wird in Deutschland für immer ein Traum bleiben. In Deutschland ist der Sprung von einer extremen Lebenslage in eine bessere inzwischen ein Mehrgenerationenprojekt. Hierzulande dauert es 180 Jahre, bis der Aufstieg von Hartz IV in die Mitte der Gesellschaft gelungen ist. So lange lebt natürlich niemand. Also muss eine sozial benachteiligte Mutter darauf hoffen, dass die Urenkel ihrer Urenkel irgendwann einmal Karriere machen können. Das alles haben Experten der Organisation für wirtschaftliche Zusammenarbeit und Entwicklung, kurz OECD (Organisation for Economic Co-operation and Development) genannt, in einer Analyse festgestellt.

Die wirtschaftliche Situation der Menschen hier in Deutschland wird ohne Zweifel zunächst von den Eltern bestimmt. Viele Menschen hierzulande wissen das auch, wie die soeben zitierte OECD-Analyse besagt. Menschen geben sich auf, weil sie denken, dass sie keine Chance haben, aus dem Kreislauf der Armut auszubrechen. Wir machen in Deutschland also irgendetwas falsch. In keinem der von der OECD untersuchten Länder fällt es den Menschen leicht, aus der untersten sozialen Schicht einen besseren sozialen Status zu erreichen. Aber man kann beispielsweise in Dänemark den sozialen Aufstieg in zwei Generationen schaffen, das ist deutlich schneller als bei uns. Deutschland ist übrigens das Schlusslicht dieser Untersuchung.

Dieser dominante Einfluss der Herkunft auf die eigene Karriere zeigt sich auch in anderen Feldern. Fast jedes zweite Kind einer Führungskraft wird später selbst einmal Personal führen. Sind die Eltern bildungsfern, dann erreichen nur 11 Prozent des eigenen Nachwuchses einen Universitätsabschluss. Und jedes dritte Kind, dessen Vater Geringverdiener ist, wird im Durchschnitt der untersuchten Länder ebenfalls Geringverdiener. In Deutschland sind es sogar

42 Prozent der genannten Kinder. Da gehören wir zur internationalen Spitze.

»Zu viele Menschen fühlen sich zurückgelassen, und ihre Kinder haben kaum Chancen, sozial aufzusteigen«, sagt Gabriela Ramos, die auch die Initiative zum inklusiven Wachstum der OECD leitet.

»Früher war alles besser« – dieser Satz, der häufig zu hören ist, wenn frühere Zeiten mit den heutigen verglichen werden, trifft zu, wenn wir Folgendes sehen: Während für zahlreiche Menschen, die zwischen 1955 und 1975 geboren wurden und deren Eltern einen geringen Bildungsstand hatten, noch ein hohes Maß an Einkommensmobilität Wirklichkeit war, stagniert diese für die nach 1975 Geborenen. In einem Zeitraum von vier Jahren schafften es 60 Prozent der Menschen in der Einkommensgruppe der unteren 20 Prozent nicht, in eine höhere Einkommensgruppe aufzusteigen. Umgekehrt ist es genauso. In Deutschland verbleiben 74 Prozent der Kinder später in der Gruppe der Spitzenverdiener. Wenn Papa also ein Topverdiener ist, werden es drei Viertel der Kinder auch sein.

Weil die Anzahl der Spitzenverdiener langfristig relativ gleich bleibt, muss es für jeden Gewinner, also Aufsteiger, auch einen Verlierer geben. Das Ganze ist also ein Verdrängungswettbewerb. Die logische Folge: Der Aufstiegswillen der Armen trifft auf den Widerstand der Bessergestellten.

Das Ganze ist also so etwas wie ein Krieg zwischen den sozialen Schichten. Muss das sein? Muss es Verlierer geben, damit andere Gewinner sein können? Natürlich nicht. Es wird immer die etwas besseren Verdiener geben und irgendeiner muss auch am Ende der Verdienstskala stehen. Aber der Profit sollte nicht im Mittelpunkt stehen.

Jede Familie sollte in Würde mit ihren Kindern leben dürfen und vor allem sollten alle Kinder die gleichen Startchancen haben. Ist das schon Sozialromantik? Nein, zahlreiche Kinder aus sozial schwächeren Familien haben herausragende Talente, die aber ohne Hilfe von außen nicht entdeckt und dann gefördert werden. Warum also lassen wir Talente in unseren Schulen verkümmern? Soll die Elite auch die Elite bleiben?

Uns wird in den Archen immer wieder eine Frage gestellt: »Was passiert, wenn die Vergessenen in unserer Gesellschaft sich formieren und gemeinsam demonstrieren, sich querstellen und den sozialen Ablauf in unserer Gesellschaft stören? Die Macht dazu haben sie doch.«

Arbeit muss besser verteilt und auch besser bezahlt werden. Wem nützt es außer den Betroffenen, wenn wenige Wohlhabende den größten Teil des Geldes besitzen? Wir dürfen nicht warten, bis es soziale Unruhen gibt. Ein vernünftiger Mindestlohn, später einmal ein Grundeinkommen und die Förderung von Kindern unabhängig vom Status der Eltern, über all das müssen wir nachdenken. Es ist doch für ein reiches Land wie Deutschland eine Schande, 20–30 Prozent seiner Menschen auf ein Abstellgleis zu schieben.

Die Dauer der Langzeitarbeitslosigkeit von Hartz-IV-Beziehern ist in den vergangenen Jahren weiter gestiegen. Im Schnitt waren im Jahr 2011 Menschen, die Grundsicherung bezogen, 555 Tage ohne Arbeit, 2016 waren es schon 629 Tage – und das mit steigender Tendenz, wie aus einer Statistik der Bundesagentur für Arbeit hervorgeht. Im Lauf einer derart langen Zeitspanne verlernt ein Teil der Bezieher das Arbeiten.

Wir müssen uns um diese Menschen kümmern. Ein Land mit einer christlichen Kultur darf sich nicht nur mit den Gewinnern dieses Systems identifizieren. Wir müssen ein ganzes Bündel von Maßnahmen in die Wege leiten, um Elternhäuser, die nicht besonders motiviert sind, wieder auf die Erfolgsspur zu bringen. Der Schwerpunkt sollte dabei auf der direkten Förderung der Kinder durch Kinderkrippe, Kindergarten und Ganztagsschule liegen. Deutschland hat in der Familienpolitik viel zu lange darauf gesetzt, durch ein höheres Kindergeld oder Bildungsgutscheine die Eltern selbst in die Lage zu versetzen, materiellen Mangel zugunsten einer stärkeren Förderung der Kinder zu überwinden. Das ist gescheitert. Das Mehr an Mitteln versackte vielmehr in der Haushaltskasse der Eltern für Luxusgüter. Auch die Bildungsgutscheine waren bisher ein Flop. Wir müssen den Fokus also stärker auf die Förderung der Eltern und ihrer Kinder legen. Dafür brauchen wir mehr Familienhelfer und Pädagogen, die Zeit haben, sich intensiv um ihre Klientel zu kümmern. Also – packen wir's an.

Mit Schlips und Sakko

Als wir im Jahre 2008 nach geeigneten Verwendern für die Mittel der Beck'schen Stiftung suchten, kamen meine Frau und ich durch einen Fernsehbeitrag über Bernd Siggelkow im rbb ziemlich schnell auf die Arche. Warum? Weil wir vorher noch auf niemanden getroffen waren, der die Probleme unserer Kinder so offen ausspricht und dazu so konkrete Lösungen anbietet.

Es folgte ein Termin bei Bernd Siggelkow in der Arche Berlin-Hellersdorf. Ich trug klassisch Schlips und Sakko und war auf eine ruhige, inhaltsreiche Unterhaltung gespannt. Nach ungefähr fünf Minuten – wir waren gerade bei der Vorstellung – ging die Tür auf, zwei Mädchen standen im Zimmer und berichteten »Papa Bernd« ganz aufgeregt von ihren gerade zurückerhaltenen Klassenarbeiten. Ich war abgemeldet, nahm sozusagen nur noch als Betrachter die Atmosphäre wahr und habe wohl meinen Kaffee dabei ausgetrunken.

Wie es dann weiterging, als die beiden Mädchen wieder weg waren, das weiß ich heute gar nicht mehr. Etwas anderes war mir allerdings in diesem Moment klar geworden. Bernd Siggelkow geht es ausschließlich um das Wohl und das Verstehen der Kinder. Noch nicht mal meine Überlegung hinsichtlich einer großzügigen Zuwendung meiner Stiftung an die Arche hat ihn davon abgehalten, für Kinder da zu sein, als sie ihn brauchten.

Seitdem ist die Zusammenarbeit zwischen der Beck'schen Stiftung und der Arche jedes Jahr enger und vertrauensvoller geworden. Seit nun schon acht Jahren begleite ich die Arche-Kinderstiftung als Vorstand und sorge für die im Eigentum der Arche befindlichen Gebäude.

In dieser Zeit ist mir klar geworden, dass wir die unglaubliche Chance haben, uns um diejenigen Kinder, die zu uns kommen, kümmern zu können. Damit schaffen wir Freundschaften zwischen unseren Kindern, wir feiern Geburtstage, geben Nachhilfe, essen zusammen und gehen im Sommer schwimmen. Dieses für die meisten von uns normale Aufwachsen in der absoluten Prägungszeit der Kinder hat enorm positive Auswirkungen auf das spätere Leben unserer Schützlinge.

Positive Kindheitserinnerungen bleiben fest verankert und werden sich positiv auswirken, wenn unsere Kinder selber erwachsen sind und Eltern werden.

Die Einweihung unserer Arche Kinder-Ranch in Schulzendorf bei Gransee in Brandenburg im letzten Jahr war ein weiterer Meilenstein in der Arbeit von Bernd Siggelkow mit den Kindern. Dort, in der ländlichen Idylle, arbeiten die Betreuer mit Kindern, Therapiepferden und Therapiehunden zusammen. Die Kinder schütteln die Zwänge der Stadt ab, tauen auf, gewinnen Zutrauen zu den Tieren und lieben die Stallarbeit. Das gewonnene Selbstvertrauen nehmen sie mit zurück in die Stadt und lernen, dort mit den täglichen Aufgaben neu und besser umzugehen.

Mit Freude blicke ich in die gemeinsame Zukunft und weiß, dass ich jederzeit wieder die Arbeit von »Papa Bernd« unterstützen werde. Und Sie? Helfen Sie mit!

Dr. Clemens Beck, Vorstand der Beck'schen Stiftung

Quellenverzeichnis

»14,5 Millionen Menschen leben von Hartz IV«, WirtschaftsWoche, 3.11.2016, dpa (keine Autorenangabe, Quelle: Handelsblatt Online)

»Es fehlen knapp 300 000 Krippenplätze«, ARD-Tagesschau, 17.5.2017: www.tagesschau.de (30.10.2018)

https://www.chance-quereinstieg.de/aktuelles/detailansicht/article/100000-zusaetzliche-kita-plaetze/, 100.000 Zusätzliche Kita-Plätze, vom 29.3.2017; Abruf: 19.4.2018

https://www.diw.de/sixcms/detail.php?id=diw_01.c.583909.de, DIW Wochenbericht 19 / 2018 KITA-PFLICHT FÜR KINDER AB DREI JAHREN WÄRE WENIG ZIELGENAU

Abruf: 30.3.2018

NUBBEK Nationale Untersuchung zur Bildung, Betreuung und Erziehung in der frühen Kindheit. Wolfgang Tietze, Fabienne Becker-Stoll, Joachim Bensel, Andrea G. Eckhardt, Gabriele Haug-Schnabel, Bernhard Kalicki, Heidi Keller, Birgit Leyendecker (Hrsg.), 2012: http://www.nubbek.de/media/pdf/NUBBEK%20Broschuere.pdf (30.10.2018)

Website der INSM (Initiative Neue Soziale Marktwirtschaft GmbH): http://www.insm.de/insm/kampagne/grosse-aufgaben/bildung.html (30.10.2018)

»Anzahl der Schüler/innen an allgemeinbildenden Schulen in Deutschland im Schuljahr 2017/2018 nach Bundesländern«, statista – Das Statistik-Portal: https://de.statista.com/statistik/daten/studie/1321/umfrage/anzahl-der-schueler-an-allgemeinbildenden-schulen/ (30.10.2018)

»Multi-Kulti extrem: 98 Prozent Ausländeranteil an einer deutschen Grundschule«, Spiegel Online

(Artikelvorschau, keine Autorenangabe): http://www.spiegel.de/sptv/a-247275.html (30.10.2018)

Die Illusion der Chancengleichheit. Untersuchungen zur Soziologie des Bildungswesens am Beispiel Frankreichs. Pierre Bourdieu und Jean-Claude Passeron. Klett, Stuttgart 1971

Geflüchtete Menschen in Deutschland: Warum sie kommen, was sie mitbringen und welche Erfahrungen sie machen. Herbert Brücker, Tanja Fendel, Astrid Kunert, Ulrike Mangold, Manuel Siegert und Jürgen Schupp. IAB-Kurzbericht Nr. 15, 21.6.2016, Herausgeber: Institut für Arbeitsmarkt- und Berufsforschung (IAB) der Bundesagentur für Arbeit, Nürnberg: https://www.bamf.de/SharedDocs/Anlagen/DE/Publikationen/Studien/201615-iab-kurzbericht.pdf?__blob=publicationFile (30.10.2018)

»Kindergeld-Anrechnung auf Hartz IV – Scharfe Kritik, stoisches Sozialministerium«, Kai-Martin Müller-Haeseler, ZDF-Nachrichten, 11.6.2018 https://www.zdf.de/nachrichten/heute/anrechnung-kindergeld-auf-hartz-iv-100.html (30.10.2018)

Kinderarmut – Kinder im SGB-II-Bezug. Fact Sheet, Bertelsmann Stiftung, 2016: https://www.bertelsmann-stiftung.de/fileadmin/files/Projekte/Familie_und_Bildung/Factsheet_WB_Kinderarmut_NW_09_2016.pdf (30.10.2018)

OECD Employment Outlook 2018 (OECD-Beschäftigungsausblick): http://www.oecd.org/berlin/publikationen/employment-outlook-2018.htm (30.10.2018)

Druck:
Customized Business Services GmbH
im Auftrag der KNV-Gruppe
Ferdinand-Jühlke-Str. 7
99095 Erfurt